読みなおす日本史

「通商国家」日本の情報戦略

領事報告をよむ

角山榮

吉川弘文館

目次

第一部　海外市場開拓をめぐる英・独・日の情報戦略

一　経済情報戦略の敗者と勝者―英独貿易摩擦について―……一〇

百年前の英独貿易摩擦／「ドイツ的経営」に学べ／領事たちの役割―イギリスとドイツ／イギリス貿易不振の理由―領事の反論／イギリス各国駐在領事からの報告／イギリス綿製品の日本への売込失敗の原因／イギリス綿製品は「品質粗悪」／ドイツ駐在領事からみたイギリス商人／イギリスの商業教育／バーミンガム大学に商学部を設置／「経済学」から「商学」へ

二　開国日本は国際化に、どう対応したか……四三

情報化時代は百年前に出現／通信・情報革命／『エコノミスト』に最初に紹介された日本記事／領事の情報活動／遅れたイギリスの領事の養成／日本の「貿易事始め」と情報戦略／万国博への参加による情報収集／メルボルン博への参加／日本紅茶の豪州進出

第二部　明治前期の海外市場開拓と領事の情報活動

Ⅰ　イギリス市場と「貿易事始め」……六四

一　イギリスにおける日本雑貨ブームと領事・園田孝吉……六四
ヨーロッパにおける日本領事館の開設／ロンドン領事の園田孝吉という人物／日本ブームが招いた日本商品の進出／ロンドンの日本商社／三人の日本商人／衝撃的な「日本人村」の雑貨実演即売市／成功の陰に／園田領事の忠言／日本商人は商業学を知らない／日本商人は商業上の経験に乏しい／日本商人は見本品の性質を誤解している／商品見本に対する領事報告／園田領事の見本陳列所設置案

二　イギリスへ輸出された日本米……八七
日本、コメ輸出にのり出す／欧州で好評であった日本米／輸出先と用途／黒人労働者の食料に／工業用の糊になる／ライス・プディングなどの食用として／有望視された日本米の輸出／世界米穀市場の変化／日本米の敗北

Ⅱ　日本は香港市場をどのようにして開拓したか……一〇三

一　香港市場開拓の布石—日本銀貨を香港通貨とする計画—……一〇三
香港に領事館を開設／貿易銀の流通をはかる／貿易銀のシンガポールへの進出計画／挫折した貿易銀問題／消えかかった香港の火

二　日本綿布と石炭……一二三
日本綿布の輸入始まる／外人に人気があった浴衣／中国商人は団結に富む／進出した日本の商店と商人たち／鈴木領事の意見書から／日本炭が香港市場を独占／副領事「石炭商況」報告―輸送船舶の充実を急げ
三　香港・東南アジアへの日本雑貨の進出……一二七
香港の日本雑貨店／中国人向は「日常ノ必要品ニ注目スル」こと／日本マッチ、香港を制す／欧州領事の目に映った日本商品の進出／日本の雑貨は西洋の模造品／海峡植民地への進出／日本の競争は問題にするに足らず／日本の発展に注目していたアメリカ
Ⅲ　中国市場における日本の情報戦略……一四五
一　日中貿易をめぐる中国商人と日本商人……一四五
鎖国時代の日中貿易／清国の日本領事館／芝罘と上海の日本商人／在外の日本商社及び日本商人の公式調査／困難であった日本商人の中国進出／岸田吟香の楽善堂／中国商人の日本進出
二　市場戦略における通商情報と軍事情報……一六二
―荒尾精の「日清貿易研究所」―
日清貿易の拡張案／漢口を拠点とする調査活動／荒尾精という人物／荒尾の市場調査＝諜報活動／町田漢口領事の構想と荒尾精／日清貿易研究所の設立／『清国

通商総覧』―世界最初の中国総合情報／日清商品陳列所／日清貿易研究所の限界／諸列強の草刈り場となった中国／大陸浪人の暗躍／海産物から銅・石炭・マッチへ／日清戦後は綿織物、雑貨がのびる

Ⅳ　アメリカ市場の開拓に成功した日本の情報戦略……一八八

一　好評であった日本生糸と絹織物……一八八

アメリカが生糸輸入を必要とした理由／生糸をめぐる日中輸出戦略のちがい／絹織物、絹のハンカチ／拡大した絹の流行日本羽二重の人気／アメリカ人の絹への憧れ／アメリカ市場開拓の索引車となった絹物

二　激しい国際競争のなかの日本茶……二〇四

シカゴ万国博の日本の茶室／世界商品としての茶／日本緑茶、北米で最大市場を見出す／各種茶をめぐる国際競争の激化／紅茶文化圏としてのアメリカ／景品をつけて販売した日本緑茶／インド茶・セイロン紅茶の進出／緑茶と紅茶の戦い／お茶の文化の対決

むすび……二一九

国際通商情報としての「領事報告」／情報活動のシステム化／領事情報網による市場戦略／「通商国家」日本の原像

参考文献……二二六

あとがき……………………………………………………………………………………………三三一

第一部　海外市場開拓をめぐる
英・独・日の情報戦略

一　経済情報戦略の敗者と勝者—英独貿易摩擦について—

百年前の英独貿易摩擦　日本経済はいま日米、日欧経済摩擦で揺れている。経済摩擦というのは、何もいまに始まったわけではない。それは後進経済国が風を切って先進経済国に追いつく過程で、必然的におこる歴史のきしみである。

振り返ると、恰度《ちようど》百年前にも歴史の大きな転換期があった。そしていまよりもっと深刻な貿易摩擦が起った。当時の世界経済の支配者はいうまでもなくイギリス。それに対し、貿易摩擦の焦点に浮上してきたのが新興工業国ドイツであった。

ドイツは一八七一年ビスマルクによる統一以来、商工業は国家援助のもと、急速にめざましい発展をとげた。いままでドイツを農業的後進国とみくびっていたイギリスも、気がついてみると、海外市場のいたるところ、ドイツの影響はひしひしと浸透しつつあった。ドイツの電信・郵便網の世界への拡大は目を見張るものがあった。またドイツ商船隊はいままでイギリスが抑えていたアジア、アフリカ、アメリカ、豪州を頻繁に訪れ、船舶数、トン数もともに着実に増加していた。こうしてドイツの無言の圧力が、イギリスに迫りつつあった。

一八九六年二月、エジプト駐在イギリス領事からの報告によれば、最近ドイツはエジプト政府から大型契約を確保し、そのために注文はすべてドイツへ向けられ、イギリスにはまったく注文がこなくなった。こんなことは将来もありうることで、今回の契約失敗を教訓とし、今後はイギリスも可能なかぎり直接消費者と接触して、彼らのニーズを把握する必要がある、と警告を発していた。

こんな現象はエジプトだけでなかった。イギリスは、いまや世界のいたるところでドイツの強力な競争の前で敗退しはじめていた。南アメリカでは、既にアイルランド産の麻織物をイギリスからではなく、ハンブルグの商社から買っていた。日本市場も同様で、ドイツは明治維新直後の一八六九年（明治二年）には、日本への輸出額は一〇〇万マルクにも達しなかったのが、一八八八年（明治二十一年）には一八〇〇万マルクへ、その後一八九〇年の不況期に一時減少したものの、一八九三年（明治二十六年）には一八五〇万マルク、一八九五年（明治二十八年）には二六五〇万マルクへと二年間に四〇パーセント以上の増加を示したのに対し、イギリスの増加は同期間わずか一〇パーセント以下であった。

このように海外市場はどんどんドイツ製品に圧されつつあったばかりか、イギリス国内にも、ドイツ製品が身近にいっぱい溢れているではないか。子供の玩具、人形、童話の本、新聞用紙、家庭の応接室のピアノ、台所戸棚のワイングラス、日常使う鉛筆にいたるまで、すべて〝Made in Germany〟である。

なかでも、イギリス人の頭にきたのがドイツ製ピアノの進出。いまの日本人で知る人は殆どいないが、一九世紀中頃のイギリスは、実は世界一のピアノ生産国であった。その最大のピアノ・メーカーはブロードウッド（Broadwood）で、三四〇〇人の熟練工を抱え、年間二五〇〇台、世界一の生産を誇っていた。購買者は産業革命をへて上昇いちじるしかった中産階級で、とくに若い女性のあいだでは教養や身だしなみの手段として、ピアノのお稽古が社会的に拡大しつつあった。こうしたイギリスピアノ市場をいわば独占していたのが、ブロードウッドであった。そこへ一八八〇年代以降、ドイツ製の安いピアノ、ベヒスタイン、スタンウェイ（アメリカ製だが、もとは移住ドイツ人が創設）が無関税で入ってきたからたまらない。イギリス市場はドイツ製品にやられてしまった。

ドイツ製ピアノの進出はイギリス国内だけではない。海外輸出はめざましく、一九世紀末にはチリ、ニュージーランド、豪州、フィンランド、ルーマニア、スイスでは、殆どドイツ・ピアノが独占する有様。ともかく一八九〇年頃のピアノの世界需要は年間二〇万台、そのうち七万二〇〇〇台がドイツでつくられていた。ピアノがモデル・チェンジのない一生一台の耐久消費財であることを思えば驚くべきことである。

どうしてドイツ・ピアノは飛躍的な進出に成功したのか。スイスの商業会議所の調査によれば、ドイツのメーカーは消費者の嗜好に応ずるべく最善をつくしたとして、市場調査の優れていたことを強調しているが、いま一つの重要な点は価格が安かったことである。どうして低価格販売に成功したかというと、実は伝統的熟練手工業に依存していた当時のピアノ生産に、ドイツはアメリカの先進的製造方法である部品互換方式を採用することで、ピアノの大量生産に成功したからである。これに対し、相かわらず古い手工業的製造方法と一品注文生産の伝統に固執していたのはイギリスである。これではイギリスのピアノの敗退もやむをえなかったであろう。理由は何であれ、敗れたものは面白くない。ドイツ製品に圧されたのはピアノを始め身辺の日常生活品だけではない。イギリスが世界に誇る鉄鋼、造船、機械工業、新興の電気、化学工業はもとより、さらに国の柱ともいうべき綿業まで追い迫られるとなると、世界経済の覇者大英帝国の面目丸つぶれである。「世界の工場」「世界の海運国」イギリスの栄光と威信はどこへいったのか。イギリスの世論は黙っておれなくなった。

どうしてこんな事態になったのか。といったとき、大国は威信にかけても、例え自己反省をしたにしても始めからそれを口には出さない。まず非は相手にあるとするのがふつうである。

イギリス人にいわせると、われわれは自由貿易の原則を忠実に守って、国内市場を開放しているのに、相手は保護主義によってその市場からわが商品を締め出している。しかもドイツ政府は、輸出品に対し特別の割引運賃で援助したり、輸出奨励金や補助金政策によって輸出ドライブをかけている。

相手が保護貿易で押してくるなら、こちらも相手の商品に報復関税ないしは相殺関税といった罰則的課税をしたらどうか。またドイツが国鉄特別割引運賃で輸送してくるなら、それらの商品に対しては、イギリスの港で補助金相当の罰則的課税をしたらどうか、といった議論で国内の世論は沸騰した。

「ドイツ的経営」に学べ　しかし一方では、ドイツの飛躍的発展に照らし、イギリスの現状にも反省すべき点があるのではないかという指摘がなされた。いわばドイツ的経営に学べというわけである。いったいドイツ的経営を範として改善すべきだとされたのは、何か。

まず科学技術教育の充実である。長い間イギリスの高等教育は人文系に偏っていて、近代産業や企業の発展に何ら関係をもたなかった。それでもイギリスが世界で最初の産業革命に成功したのは、まだ当時の技術水準は素人でも発明できたくらいレベルが低かったからである。しかし一九世紀後半になると、産業が科学技術の組織的訓練に依存する必要がしだいに高まってきた。ドイツはいち早く科学技術教育に力を入れ「産学協同」体制によって経済の発展をはかっていた。

イギリスが科学技術教育の遅れを痛感したのは一八六七年のパリ万博のときである。というのは、イギリスは一八五一年のロンドン万博では、その展示物品がおよそ一〇〇部門の殆どすべてにわたって優秀賞を獲得したのに、六七年のパリ万博では、九〇部門のうちイギリスのえた優秀賞はわずか一〇部門にすぎなかったからである。これにショックをうけたイギリス産業界は、すぐれた人材とくに技術者養成の必要を痛感し、急遽理工系中心の新しい大学づくりにとりかかった。

こうして一八七〇年以降、北部工業地帯をはじめイギリス各地に続々と大学が新設された。マンチェスター大学（一八五一年にオウエンス・カレジとして創立）、リーズ大学（一八七四年）、ブリストル大学（一八七六年）、バーミンガム大学（一八七四年）、リバプール大学（一八八一年）、シェフィールド大学（一八九七年）がそれで、俗に赤レンガ大学といわれている大学である。

これらの大学はいずれも、地元の産業界の要請により民間資本の寄附によって設立されたもので、はじめはすべて技術系大学として出発した。このように各地に新制大学ができたけれども、昼間三年間のフルタイム・コースで資格をとる学生はまだ少数で（例えばマンチェスター大学では昼間学生の三分の一は外人留学生であった）、大部分は夜間学生であった。その夜間学生の数も、多いところで年平均五〇人程度、少ないところでは年二人という有様。これに対し、ドイツでは、例えばベルリンの市立職工学校、これは製図やデザインを教え、徒弟に技術の理論を教える夜間学校であったが、登録学生の数は実に二二〇〇人を越える盛況振りであった．この一事をもってしても、イギリスの技術教育の立ち遅れは明らかであろう。ただ教育の問題を考える場合、注目すべきはイギリスは技術系大学の設立もすべて下からの民間資本によるのが原則であって、ドイツのように国家や地方自治体による上からの教育とは立場を異にしていたということである。民間の自由な活力に任すか、それともドイツのように政府の行政指導に頼るかということは、産業革命以来、一貫して個人主義、自由主義の立場をとってきたイギリスには、価値観の根底にふれる問題であった。

もう一つの反省点として朝野の議論をよんだのが、海外経済情報の収集をめぐる領事の役割である。

領事たちの役割―イギリスとドイツ　いったい一九世紀中頃以降の世界は、西欧先進諸国にとって、それまで未開拓であったアジア、アフリカ、豪州といった地域まで、資本主義的世界市場がぱっと拡大した時代である。こうした状況のなかでの経済競争というのは、まず何よりも新市場に関する正確な情報を入手し、それにいかに速やかに対応するかにかかっていた。だから各国とも積極的に努力したのは、海外経済事情に関する調査、情報の収集である。現地において通商情報収集という重要な役割を担ったのが、実は各地駐在の領事である。

とりわけ後進的ドイツは世界市場への進出に際し、在外公館の情報収集に力を入れたが、領事の積極的な活動は注目すべきものがあった。商務官（コマーシャル・アタシェ）を他国よりも早く設置したのはドイツで、現地の言葉に堪能なものを派遣し、市場調査、売込みに当らせた。

いかにドイツが官民一体となって市場開拓に当ったか、よく引き合いに出されるエピソードがある。あるときビスマルクは中国大使と外交上の問題で会見した。そのときビスマルクはねばり強く大使を説得し、ドイツの会社と鋼鉄製レールの大きな契約を結ぶまでひきとめて放さなかったといわれる。またルーマニアでも、ドイツ公使館は本国の製造業者のために現地の詳しい情報を入手して本国へ送り、各国間の入札競争に備えていた。各地駐在のドイツ領事は、本国商社のために見本をもって買手を捜して走り廻ったり、苦情処理のためにはさながら商社の代理人として行動するなど、官民一体となって海外市場開拓に努力していた。

ところが、イギリスの場合はまったくドイツとは違って、在外公館は殆ど何もしなかったといってよい。たしかにイギリスは、他の国よりもいち早く世界各地に海運通商網を拡大していたため、領事館の数も、また領事館活動の規模においても、ドイツより優れていた。けれども在外公館や領事による商社への情報サービス、商社活動への援助の点ではドイツよりはるかに遅れていた。というよりか、そうした情報サービスは、個人の自由経済活動への国家干渉としてはばかられるというのが、一般的な風潮であった。従って現地における顧客の嗜好、デザイン、風俗習慣など、基本的な市場調査もろくにしないし、現地の言葉による積極的な売込みの熱意にも欠けていた。これをひと口でいうと、イギリス商人は領事の情報サービスをあてにしないで、独自の情報活動で市場開拓に努めねばならなかった。そのことが海外市場開拓の激しい国際競争のなかで、強力な国家による情報サービスに支えられたドイツ商人に、イギリスの貿易がじりじりと後退を重ねつつあった原因の一つになっていた。

イギリス貿易不振の理由—領事の反論　イギリス貿易不振の責任の多くを、海外駐在領事の怠慢のせいにされては、領事としても黙っているわけにはいかない。領事の意見をまとめて外務省から商務院宛て提出された一八九八年の文書が残っている（巻末の参考文献を参照）。それは全世界三三か国に駐在する領事から寄せられた、イギリス商人の取引方法についての問題点をまとめたものである。とくに有力なライバルであったドイツと比較しながら、どうしてイギリス商人が海外の顧客獲得に失敗したかを一七〇を越える領事報告によって整理したものである。領事の立場からみたイギリス商業活動の問題点は、これを大きく分けて六つに整理している。

（一）イギリス商人の販売努力、熱意の不足。とくに安価な商品の供給を怠り、少量の注文なら相手にしないし、その上消費者のニーズの調査、度量衡の十進法の採用、信用供与の点で劣っていたこと。(二) 販売員の不足、現地語の無知、英語だけで押し通す強引さ。(三) 拙劣な包装。(四) 高い海上運賃の問題。(五) イギリス国内のストライキによる納品期日の不確実性の問題。(六) とくにドイツと比較して技術教育、近代語学教育、青年の実務訓練のための海外派遣制度の遅れ。

いかにイギリス商法がドイツなどと比べて劣っていたか、イギリスの世界各地からの領事報告によって生々しい事例を紹介しておこう。

イギリス各国駐在領事からの報告

○事例1　上海領事報告、一八九六年四月。

上海では大陸商品、とくにドイツ製品が良く売れている。その理由は、値段が安価なためである。概して中国の消費者は貧しい、いや極めて貧しいといってよい。大衆の底辺にいる人びとが、ランプ、刃物、時計、窓ガラスといった外国製品をはじめて買うときは、いちばん安いものを買うのがふつうである。そうでなければ買えないからである(ところが、イギリス商人はこうした現状を無視して、高い商品を持ち込んでくる。中国市場向けには、安いものをもってこなければ売れるはずがない)。

また、ドイツの製造業者は新しい注文に対応できる準備を整えている。とくに中国の消費者が求めるタイプが、ドイツ人の日常のそれと違う場合でもちゃんと準備ができている。こうして本来ならイギリスにくる注文も大陸諸国へとられてしまった、といわれる。それがどの程度真実であるかどうか自分は知らないが、イギリスの製造業者は、それがペイするならば注文を拒否しないであろうと思う。

もし拒否したとすれば、注文の数が少ないために、現有機械を更新するほどの価値がなかったからであろう（つまり、ドイツではどんな少量の注文でも安い価格で引き受けるのにたいし、イギリスでは小さな注文なら断る、これが問題である）。

○事例2　厦門《アモイ》領事報告、一八九七年三月。

もしイギリス商人が重量や計算単位に十進法を使うならば、中国においてもっと貿易が伸びるはずである。中国の他のどこでも同じであるが、厦門でも現に使用されている度量衡制度を学ぶのはいともかんたんである。十進法だからである。もっともローカルな計算単位は中国各地で異なっているが。しかし同じように十進法で掛け算や割り算ができる。

ここでひと言、私のコメントをつけておきたい。この厦門領事報告はイギリスの複雑な度量衡制度が、通商拡大の妨げになっていることを指摘したものであるが、この問題はその後もずっと尾を引いて第二次大戦後を迎えた。イギリスの通商不振をＥＥＣ（現在のＥＣ）加盟によって打開しようと試みていた一九六三年、大陸諸国のように十進法を採用すべきであると検討委員会は革命的ともいうべき提案を行なった。こうしてイギリスは数年の準備期間ののち、一九七一年から貨幣制度を一ポンド＝一〇〇ペンス、とする十進法に改めることにしたのである。

因みに従来の制度は、一ポンド＝二〇シリング、一シリング＝一二ペンス、（その他一ギニー＝二一シリング）といった具合に、十二進法や二十進法が入り交じった複雑な制度が長い間続いていたのである。この制度が実際の取引においていかに不便であったか、長年馴れているはずのイギリス商人も計算ミスを犯すことがしばしばであった。

十進法への切り換えが決った一九六三年、私はたまたまロンドンに留学中であった。その決定に対するイギリス人の保守的な反応というか、十進法に対するすさまじいまでの抵抗は、いまも強く印象に残っている。というのは、国民の反応は『タイムズ』『ガーディアン』その他新聞の投書欄に殺到した。その主張の多くは、十進法が世界の数的制度を支配しているばかりか、日常生活において便利だというが、ほんとうにそうであるのか、という反論である。一年は一二か月、一か月は三〇日、一週間は七日であり一日は二四時間、一時間は六〇分、一分は六〇秒である。何が十進法なのか。また十進法は計算に便利だというが、十進法は三で割れないではないか。これにたいしてポンド、シリング、ペンスの貨幣制度は二はもちろん、三でも割れるばかりか、ときには七でも割れる、もっとも便利な制度ではないのか、というわけである。このイギリス国民の保守的態度が長い間、指摘されながらも度量衡制度の改革を遅らせてきた主な原因であるが、一方では十進法によって大陸の度量衡制度を統一したナポレオンに対するイギリス人のささやかな抵抗でもあった。ナポレオンはトラファルガーの海戦でネルソンに負け、ウォータールーの戦いでウェリントンに敗れ、ついにイギリス征服の野望は果たせなかった。しかし武力においてナポレオンを敗ったイギリスも、ナポレオンの打ち立てた文化の力の前に降伏せざるをえない時期がいつかやってくる。十進法の切り換えがそうである。もう一つ残っている最大の問題は右側通行である。文化は武よりも強い、これが歴史の教訓である。

○事例3　芝罘《チーフー》領事報告、一八九六年十月。

我々がドイツの会社から学ぶべきものがいろいろあるが、その一つはつぎの点である。ドイツ商社には、中国語を話すドイツのパートナーや書記を少なくとも一人おいている。これに対しイギリス商社には中国語を話すイギリス人は滅多に見られない。必要な中国語についてはイギリス人は英語のできる中国人に頼っているように見える。しかし彼らは自分の利益になるときは英語を使うが、往々にして忠実さが疑われる場合が多い。そうした中国人の通訳を通して交渉すれば明らかに不利であるが、そうしたケースがしばしば起っている。

（つまりイギリス人は現地語がろくにできないで商売している。ドイツ人は現地語で商売する。この差は大きい。しかしこの差はどこからくるかといえば、外国語を重視する商業教育のあり方の違いである。のちにものべるが、高等商業教育のなかにおける外国語教育については、イギリスはドイツより遅れていたが、日本と比べてさえ遅れていたことは注目してよい。）

○事例4　宜昌領事報告、一八九七年五月。

イギリスの製造業者はいまやあらゆる分野で激しい競争に曝されている。反物類では、目下大部分がアメリカ製である。もっとも中国製のワイシャツが沙市へ入ってきていることは注目すべきであるが……。中国市場では最近洋式雑貨類に関する貿易が増加し重要性を増している。しかしイギリスにとってもっとも強力な競争相手はドイツ、オランダ、日本である。この三者のうち、とくにドイツと日本は、中国市場の流行の変化をいち早く察知し、それによってそれぞれ利益をあげていることは疑いない。それであるのにイギリスの製造業者は相変わらず流行遅れの型を守っているというよりか、三、四十年前のものに固執している。

（これでは消費者のニーズに応じることができないし、販売ものびないことは明らかである。消費者のニーズといっても、アジアとくに中国における風俗、習慣、生活の実情については、欧州人にとって殆ど情報の蓄積のない分野であった。地理的に近い日本にとっても、長い文化交流の歴史があるとはいえ、中国の消費者情報については日本も欧州諸国とあまり変わらなかった。とすれば、消費者ニーズについての市場調査と、それをふまえての生産・販売体制がどのように整っているか、いないか、ということが、中国市場をめぐる各国の競争のポイントであった。結局、中国市場を抑えるのに成功したのは日本であったが、日清戦争直後の大陸市場ですでにイギリスが日本の競争に脅威を感じていたことが、この領事報告をつうじてよく分る。）

つぎに日本からの領事報告を紹介したい。というのは、日本市場はイギリスが他国よりも先に開拓した独占的市場でありながら、後進的なドイツ、アメリカの進出によって、いかに販路を奪われ失ってゆきつつあったか、領事報告は生々しい事例を伝えているからである。

○事例5　東京領事報告、一八九六年一月。

今日まで、イギリスは実際上レール、機関車、車輌など鉄道用建設資材の供給で独占的地位を占めていた。これらの工業がその後もなおその特権的地位をひきつづき享受できるかどうかは、その大半は、彼ら自身のつくす努力にかかっているはずである。周知のように、日本の鉄道はお雇い外人の技術顧問によってつくられた。お雇い外人はイギリスの技師も含め、いずれは交替するときがくる。しかしイギリスの技師が指導してつくったデザイン、これを実際につくるための材料は元来イギリスに注文されるべきものである。技師の指導とは、こうした影響力の行使も含むと考えてよいと思うのであるが、日本政府は外人の助言をいまやみずから主体的に処理しようとしている。ともかく日本は国鉄も私鉄も、すべての鉄道を外人の援助なしに建設し、運営できる日はそう遠くない。しかもそのときには資材だけを外国から買うことになるだろう。これはイギリスの慣習とはちがう。イギリスでは有力企業はお抱えの技師のつくったデザインにもとづいて注文を出す。だから製造業者は注文どおり作ればよいのであって、自分でデザインをつくったりすることはしない。ところがアメリカではちがう。例えば橋梁の建設については、注文する鉄道会社がまず強度についての会社の要求を出し、製造業者は自らのデザインにもとづいたプロジェクトを送るというシステムになっている。

一八八二年（明治十五年）以来、鉄橋の建設者として来日していたイギリスの技師は、近く日本を去ることになっている。彼が離日しても日本人技師はどんな構造でも設計できる能力をもっている。というのは、彼らの多くはアメリカで教育をうけ、アメリカの製造業者から設計技術も橋もともに知識をえて帰国しているからである。そして彼らは設計から注文の仕方までアメリカのシステムに切り換え、アメリカ人に仕事を委譲する。こうしてアメリカの有力企業が日本に進出してきたのである。イギリス企業は、もっとも重要な企業だけが日本に代理店をもっているにすぎない。

コメント。日本の鉄道市場において、イギリスがアメリカの攻勢にたじたじであったのは、たんに英国技師の影響力行使が弱かったといった問題にとどまらなかった。一八九七年頃の『商務院ジャーナル』(Board of Trade Journal これは英国商務院が一八八六年から月刊で出版している雑誌で、領事報告の速報をつうじ世界各地の通商情報を提供していた）をみると、アメリカの鉄道レール、機関車、車輛メーカーが急速に進出したのは、従来のイギリス商法とちがって、日本の需要家のニーズにマッチしたものであったからである、というのである。

日本市場へのアメリカの進出はごく新しい。新参者のよく使う手は、国内価格よりも安い輸出価格で売り込む方法である。アメリカはレール用留め釘を国内価格の半額で輸出し、従来のイギリスやドイツの商品に競争を挑んだ。さらに日本の需要家に評判がよかったのは、イギリス製造業者のカタログには価格の記載がなかったのに対し、アメリカの業者のカタログには参考価格が記載されていたことである。価格の記載されていないカタログは何の役にも立たない。政府へ概算要求をつうじて予算を確保するには、まず価格が必要で、それをいちいち本国と打ち合わせて価格を交渉しているイギリスのやり方では時間のロスで、概算要求の間に合わない。しかもその価格がアメリカと比べてひどく高かったことは、いっそうイギリスの立場を不利にした。

その上致命的であったのは、イギリスの納期がアメリカと比べていちじるしく遅かったことである。例えば機関車を注文したとする。イギリスのメーカーは一様に納期二年を要求するのに対し、アメリカのボールドウィン機関車会社はなんと僅か八週間ないし一〇週間で輸送してくるありさま。いま一つ実例をあげると、イギリスから購入した五台の機関車は輸送に一〇か月かかり、日本での受渡し価格も金貨一万二〇〇〇ドル、これに対しアメリカのメーカーは納期一四週（約三か月）、価格も金貨八〇〇〇ドルであった。これだけ納期も価格も開いていては、とうていイギリスはアメリカの競手相手にはなれなかったであろう。

イギリス綿製品の日本への売込失敗の原因

○事例6　東京副領事報告、「日本の在来綿業に関する調査報告」一八八七年（明治二十年）

この「調査報告」はつぎの六章、三〇頁から成る長文の報告書である。一、日本の綿花とその栽培。二、原綿の供給と綿糸。三、日本の綿工業。四、綿製品の輸入。五、日本綿製品の見本。六、商人及び製造業者への忠言。

さて、この調査報告は、イギリスが日本綿業について始めて本格的に調査したものである。内容に入るまえに、どうしてイギリス領事が明治二十年頃になって、始めて日本綿業の実態調査をすることになったのか、報告書作成のいきさつについてひと言のべておこう。輸出する前に市場調査をするならばともかく、どうしてこんなに遅く調査を始めねばならなかったのか、その辺りに問題がありそうに思えるからである。

周知のように、外圧によって開港した日本へまず奔流のごとくどっと流入してきたのは、イギリスの綿糸、綿織物であった。そのうち綿布の輸入をみると、数量、価格とも明治十二年（一八七九年）までは順調に伸びているが、その年をピークにその後は数量、価格とも急速に減少し、明治十年代の終りにはピーク時の半額あるいはそれ以下へと大幅に落ちこんでしまった。マンチェスターの綿製品はイギリスが世界に誇る、代表的輸出商品である。世界各地でイギリスが自信をもって売ってきた商品が綿製品である。日本でも売れないはずはない。ところが売れないはずのない綿製品が現実に日本で売れないとなると、いったい日本市場のどこに障害があるのか。マンチェスターは業を煮やす一方、イギリス領事が始めて日本の土着綿業の調査にのり出すことになったのである。

領事による日本綿業の調査といっても、領事自身が日本語の資料を集め、日本の各機業地を足で歩いて情報を収集したのではない。領事は日本語ができなかった。だから実はロングフォード副領事は農商務省に調査を依頼し、農商務省はこれを東京商工会に依頼して調査報告を作成させ、英訳したのが「日本の在来綿業に関する調査報告」としてイギリス政府、議会へ送られたわけである。参考までにのべておくと、ロンドン駐在の日本領事は、英語で直接現地の新聞や雑誌あるいはインタビューによって情報をとっていたのである。こうした日本の一次情報収集と比較して、駐日イギリス領事は日本語ができなかったために、せいぜい〝Japan Daily Mail〟といった英字新聞から情報をとるか、あるいは日本人をつうじて間接的に収集するか、いずれにしてもイギリスの収集した情報の大部分は二次情報にすぎなかった。この点は各国の対外情報戦略を考える上で注意しておくべき点であろう。

こうした情報収集のいきさつを念頭においた上で、われわれ日本人にとってもっとも興味深いのは、第四章以下で、イギリス綿製品がどうして日本で売れないのかを調査している点である。

イギリス綿製品は「品質粗悪」 イギリス綿製品の売行き不振が顕著になったのは明治十四年以降のこと。その原因の一半は、たしかに松方デフレによる一般的な生活条件の悪化、購買力の低下によることを「報告書」は認めた上で、注目すべきは、「主な理由は最近の輸入綿製品の十分の九までが品質粗悪で、そのために消費者から嫌われたからだ」とのべている点である。「品質粗悪」というのは、戦前の日本製品の蔑称かと思っていたら、明治初期の日本人はイギリス製品を「品質粗悪」といって拒否反応を示したというのだから驚く。

イギリス綿布の何が粗悪で、消費者から嫌われたのか。「報告書」があげている一、二の例を引用しておくと、まず粗悪な染色生地がやり玉にあがっている。すなわち輸入ものの染色生地はしばしば羽織の裏地に使われていたが、その羽織を着て一マイルも歩くと、その染色の色が落ちて穿いている白足袋が台無しになってしまう、というのである。雨のなか、雨に濡れて色が落ちたというならともかく、水にも濡れずにかんたんに色が落ちる粗悪品なんて常識的にも信じがたいが、明治初期の日本を粗悪品でも売れる程度の市場とみて、イギリスは敢て粗悪品を送ってきていたのかもしれない。

また「品質粗悪」というよりか、日本人の生活の現実を無視した、一方的な商品の押しつけが消費者の反感を買ったケースがある。その典型的なケースが、実は輸入綿布の半分以上を占めていた生金巾（白いシャツ地）への抵抗である。イギリスが日本へ送ってきた生金巾は、三八―四〇インチ幅の広幅ものである。インドや中国ならともかく、当時の日本人にはそんな広幅ものの需要は殆どなく、ふつうの反物といえば一二―一五インチ幅のものである。大人もの一着分の反物の規格は、鯨尺で幅約九寸、長さ約二丈八尺と決っていた。だから一般に小幅反物が普及している日本では広幅ものは向かない。日本側がそういえば、イギリス商人の言い分がまたふるっている。それでは広幅ものを一三インチ幅三つにカットすればよいではないかと。たしかに広幅ものを三つにカットすれば、日本の反物の幅に近くなる。しかし理屈はそうであっても、実際問題として三つにカットした綿布は日本では反物として使えない。そのことがイギリス人には分からないし、また理解しようとしない。それどころかイギリス商人は広幅ものの生金巾を使わないものは野蛮人だといわんばかりに強引に押しつけてきた。

この「調査報告」が明らかにした最大のポイントは、日本が木綿の本場であり、日本人は日常生活の用途に応じて、いかに多種多様な綿生活を送っているかということであった。そんなことはわれわれからみれば「なにをいまさら」といいたいわけであるが、機械製綿業の発展を背景に、優越した文明国意識で貿易を世界に拡大しつつあったイギリスにとって、「野蛮国」日本を文明の恩恵に浴せしめる使命感が先に立っていたために、日本が木綿の本場であることに思い至らなかった。本「調査報告」が、日本人の日常使用している着物、帯、羽織、足袋、手拭など季節、用途、性別による多種多様な綿製品について、それぞれの産地、綿糸の種類（日本製か輸入綿糸か混織か）、染色方法、幅、長さ、価格、英国綿布との比較、用途を詳細に記すとともに、商品見本、例えば三河木綿、晒木綿、雲斎織、博多結城木綿、小倉織、手拭地、紋羽等々、百数十点を添えて、始めて日本人の木綿生活の実状をイギリス商人や製造業者の前に明らかにしたことは、画期的な情報であったにちがいない。

「調査報告」が明らかにしたような、日本人のデリケートな、地方色ゆたかで、しかも季節別に使い分ける木綿に対する繊細な日常生活感覚、——これをみたイギリス人にとって、日本人の木綿生活は恐らく想像を絶するものがあったにちがいない。そして日本人の細かな情緒感覚にマッチした商品をつくることが、いかに困難であるかを知ったであろう。しかも「調査報告」によれば、日本人は例えば小倉帯のように、ものによっては安い輸入綿糸を巧みに絹と交織して、帯その他の製品をつくっている。その職工の技術は優秀であるばかりか、賃銀は安い、となると、イギリス製品はとても日本市場では競争にならない、というのが「調査報告」の結論であった。

これを要するに、イギリスはマーケット・リサーチにおいても、情報収集努力においても、立ち遅れていたというか、殆ど何もしていなかったことは疑いない。日本市場のニーズを無視しては、いくらマンチェスターの機械制綿製品をもってしても、日本市場への進出は困難であったにちがいない。それどころか、日本綿業のめざましい発展は、遠からず日本をして綿製品輸出国へ成長せしめるであろう。このことを早くから察知し、警戒を怠らなかったのはイギリス領事であるが、少なくとも明治二十四、五年頃までは、日本紡績業はとくにイギリス、インドの競争相手にはならないと甘くみていたのである。

ドイツ駐在領事からみたイギリス商人　もう一つ、イギリスの当面のライバルであったドイツに駐在したイギリス領事が、イギリス商人の取引方法をどのような目でみていたか、いくつかの領事報告によってみてみたい。

○事例7　ハンブルグ領事報告、一八九六年九月。

ドイツ人は我々が確保している市場において、我々と充分競争できる実力をもっているばかりでなく、実際我々と競争を行なっている。私はドイツ商品が、わが国の商品と品質が同じであるとは考えていないけれども、ドイツ商人が現地の人びとの習慣や要望に応えようとして、いっそう多くの注意を払っていることは疑いえない。イギリスの誤りはつぎの点にある。

（一）いままでイギリスの製造業者は、まさにイギリス人が好むものを顧客たちは買うものと決めこみ、顧客らが好むものを供給するのは、イギリス製造業者の使命ではない、と信じてきたこと。

（二）領事はイギリス商人にできる限りの援助をしたいと思っている。といって、領事は有能な商社のエイジェントが定期的に訪ねてえる個人的情報とか、経験からえられる必要事項まできちんと整えるようなことまでするわけにいかないということ。

（つまりイギリス商人は、顧客に買って貰うのではなく、売ってやる式の商売をやっている。これに対しドイツ商人は消費者のニーズに応じた商品の製造・販売でイギリスに対抗してきた。イギリスの通商がのびないのは、消費者の要望を無視して強引にイギリス人の好むものを押しつけてきたイギリス商法にある、というわけである。）

つぎの事例も同じような内容であるが、それだけにイギリス商法の欠点は誰の目にも明らかであった。

○事例8　フランクフルト領事報告、一八九七年五月。

イギリスの家具、壁紙、家庭用品は、ひきつづき好評を博している。しかし、もしイギリスの業者が、ドイツ人がやっているように、販売をのばすために代理店、支店などを増設し、外国語やその国の言葉に通じたマネージャーに経営を当らせるならば、もっと市場を拡大できるであろう。事実、最近アメリカがドイツ市場に積極的な関心を示しつつある。

英独貿易に携わるドイツの大貿易商から、最近さまざまな不平が寄せられている。とくに英国側の製造業者にドイツの業者の要望に応える意志が欠けているという不満が強い。例えば、販売を拡大するためにちょっとしたモデル・チェンジをすればよいと思われるのに、イギリスの業者にはそうした消費者の要望に応える意志がまったくない。ドイツの購買者たちは、どうしてイギリスが消費者の要望を無視するのか、イギリスの商法を理解することができない。消費者の要望に応えることは商人、メーカーにとって責務でなければならない。それであるのに、イギリス人はその責任感が欠如している、とドイツ人たちは激しく非難する。

これに対しドイツ業者のやり方は、大小にかかわらず、取引先の要望にかなうべく努力することである。形や色、包装についても、たとえ自分が他の形や色、包装の方がよいと思った場合でも、消費者の要望に応じるようにつくる。彼らは決して取引先に自分自身の判断を押しつけるようなことはしない。消費者が喜んでくれるなら、それで満足する。こうした商売のやり方でドイツ人は満足し、繁栄し、しだいに他国にとって恐るべき競争者になりつつある。

○事例9　ダンチヒ領事報告、一八九七年八月。

プロシアに新しい販路開拓をめざすイギリス商人と競争相手の外国商人との間には、その方法においていちじるしい違いがある。

イギリス商人はどうするかというと、駐在イギリス領事から、あるいは人名録《ダイレクトリ》（たいていは古くて使いものにならない）から、英国商品を扱っている地方の取引商のリストを入手する。そしてこれらの取引商に対して英語で書いた価格表を送って攻勢をかける。しかし彼らはこの英語の価格表が読めない。それにもかかわらずイギリス商人は我々の交渉に注意を払わないのはけしからんと嘆いたりしている。

一方、外国の競争相手はどうするかというと、ドイツ語を自由に話す巡回セールスを現地に派遣する。彼はかの人名録に載っている地方取引商を直接商品見本を携えて訪れ、彼らに商品の良さと、いかに安い費用で遅滞なく届けられるかを説明する。とともに、注文を得るまでは帰らないという意気込みで、商品の売込みに当るのである。

このダンチヒ領事管轄区の広さは、アイルランドぐらいの広大な面積であるが、こうした巡回セールスが毎日のように続々と訪れ、従ってそれ以外の方法で商売をやるものは残念ながら排除されている。

（イギリス商人はいままでどおり、おたかくとまっているようでは、競争相手に市場をまったく奪われてしまうだろう。見本を携え、直接顧客と面接して商品を説明し、顧客の要望に応えるべく努力することはセールスの常識であるはずである。それを買わない、売れないといっているようでは救いようがない。そうしたイギリス商人のビヘイビアはどこからくるのか。その理由の一つが、イギリスにおける実業教育にあるのではないか、というのが、つぎに掲げるステッチン駐在領事からの英独教育の比較についての報告である。）

○事例10　ステッチン領事報告、一八九七年十月。

イギリスでは、ドイツにおける実業教育がイギリスと比べて優れていることが、しばしば指摘され書かれてきた。過去二五年間、ドイツ商社が成功してきたのも、ある程度それが原因であるといわれてきた。

しかしドイツ実業家がイギリスよりも優れているという点については、両国の教育を比較研究した多くのドイツ人学者によって否定されている。ただ彼らが一致して認めるのは、実業教育の実際の適用において、ドイツの方がイギリスよりもはるかに実際に役立っていることである。

すなわちイギリスには多くのパブリック・スクールやプライベイト・スクールがあり、そのカリキュラムには近代的授業科目が設けられている。それはドイツで実用高等学校《レアル・ギムナジウム》とよばれているものの優れた適用である。しかしどれだけ多くの学校において、この近代的授業科目が校長や生徒によって評価されているかというと、むしろ古典的授業科目がジェントルマンにふさわしい教育として重視されているのではないか。

またどれだけ多数のイギリスの生徒や学生が、学校や大学を卒業するに当って、世界を股にかけるビジネスに身を投じるのか。また彼らは実際実業界に入ったにしても、自国語以外の外国語を自由にしゃべれるのかどうか。確かに彼らはある程度、ラテン語やギリシャ語の知識をもっている。それらは大へん有益である。とくに恐らく教会あるいは学問の世界では役に立つであろう。しかしそれはフランス、ドイツ、スペインで実際に役に立つことができるのだろうか。

イギリスの少年たちの多くは、学校教育を終えると、俗にいう実業家《メン・オブ・ビジネス》になってゆく。今日のように外国との競争がきびしい状況のなかでは、ビジネスに徹することが絶対に必要である。とくに普仏戦争（一八七〇—七一年）以後二五年間もヨーロッパの平和が続いている反面、外国市場における競争は激化の一途を辿っている。こうしたなかで、商人国家としての我々としては、顧客と取引するのに、その顧客の国の言葉ができなくてよいはずがない。そのために重要なことは、イギリスの若ものはラテン語のような死んだ言葉ではなく、生きた役に立つ言葉を教えられるべきだということだ。

イギリスの商業教育　ここで領事が問題にしているイギリスの商業教育について、ひと言コメントしておくことが読者に親切ではないかと思う。

まず、イギリスはこれまで実業界で活躍する人材をどのようにして養成してきたかというと、会社は十二、三歳の少年を採用した上で、会社内で一種の徒弟制度に従って実務を教えこむというやり方であった。商業の実務を学校において教科の一つとして教育するという方法は、一八世紀に非国教徒が作ったディセンティング・アカデミーにおいてみられたことはあるが、これは国教を信じることを拒否したために進学や就職その他で差別されていた彼らが、生活の自衛手段としてつくった職業訓練学校であって、イギリス教育一般を代表するものではなかった。イギリス人一般の考え方としては、商売には学問はいらないとか、ビジネスには特別の才能や教育はいらないという古い考え方が支配的であった。

ところが一八六〇、七〇年代からビジネスの環境に大きな変化が起ってきた。

一つは、国内事情としてあげられるのが一八五六、六二年の株式会社法の成立である。その結果、従来個人企業あるいはパートナーシップで経営してきた会社の多くが、有限責任制の株式会社組織に変ったり、新しい株式会社設立ブームが起った。株式会社組織になると、従来のようなドンブリ勘定の帳簿ではなく、簿記、会計の専門家による近代的な記帳が必要になってくる。こうした会計士への需要の増大をいっそう促進したのが、一八七九年の会社法で、それはすべての株式銀行に強制的な会計監査の制度を導入した。さらに一九〇〇年の会社法は、すべての会社に毎年会計監査を義務づけたのであった。こうしたビジネス環境の変化に対応して、とりわけ産業界でニーズが高まってきたのが、会計士の養成である。会計士が一八七〇年代に比較的早く専門職（プロフェッション）として社会的に承認されたのは、それが医者や弁護士、裁判官、聖職者と同じく、経済界における公正な正義を扱う監査の役割を与えられたことを意味するからである。ただ問題は、こうした新しい専門職をどこで誰が養成するかであった。ともかく商売人に学問はいらないという時代は終ったといってよい。

いま一つ、国内商業教育の必要性を痛感させた環境の変化があった。それは海外における激しい商業競争のなかでイギリス商業教育の立ち遅れが目立ってきたことである。例えば国際経済の知識として、金銀複本位制とか、貿易における金の役割、外国為替の知識はもとより、保護主義、自由主義のメリットといったアカデミックな理論も含め、商人、ビジネスマンに学問があるかないかで、具体的実際的問題に対応する場合に大きな違いがでてくる。

アメリカではそうした実学と結びついた経済学が、急速な経済成長とともに起ってきたのが一八七〇年代である。その後一九一四年までにハーバード・ビジネス・スクールと並んで、高等商業教育がペンシルヴァニア、シカゴ、カリフォルニアの各大学で行なわれていた。一方、ドイツにおいても、かの有名なライプチヒ、ベルリン及びケルンにおける高等商業学校《ハンデルスホツホシユーレ》が、技術の分野における高等技術学校と同じく、商業において同じ役割を果たしていた。

こうしたアメリカ、ドイツにおける先進的な高等商業教育のあり方が、イギリス商業教育の改革を刺激したことはいうまでもない。といって、改革論議は活発であっても、実際の改革となると殆ど遅々として進まなかった。例えば一八九八年、ロンドン商業会議所が開催した高等商業教育にかんする会議では、大学レベルでのイギリス商業教育は国際的にみて大きく立ち遅れているということが指摘された一方で、殆ど同時に行なわれたロンドンの主要な会社経営者四二人の直接面接調査では、商業の高等教育の必要性を認めたものは僅か三人という結果が出ていた。ここにはロンドンに代表されるイギリス実業界の保守的情況がよく表われている。

バーミンガム大学に商学部を設置　ところで、ドイツ、アメリカに遅れてようやくイギリスの大学に商学部ができたのが、一九〇二年、バーミンガム大学の商学部である。バーミンガムは産業革命時代にはジェイムズ・ワットの蒸気機関製造工場、ウィルキンソンの大砲鋳造所など、鉄工業、金属・機械工業の中心として発展してきた工業都市である。一八七四年に大学を設置、主として技術系大学として発展してきた。そこへイギリス最初の商学部が設置されたのである。

商学部設置の動機は、実は地元の実業界からの強い要望があったからである。設立に当っての資金は、地元のストラスコナ卿及びスコットランド出身のアメリカ鉄鋼王カーネギーから寄せられた。一方、バーミンガム財界はアメリカにおける大学の実業教育を調査するため、アメリカへ調査団を派遣した。こうして設立された商学部の初代学部長にW・アシュレー教授がアメリカから呼び戻され就任したのである。

W・アシュレーといえば、日本では何種類も翻訳が出ている「英国経済史」の概説によって、歴史学派の経済史家として知られている、まさにその人である。どうして経済史家が商学部の創設に関係することになったのか、彼は果たして適任であったのかといぶかるひともいるだろう。そのいきさつはこうである。アシュレーは元来オックスフォード出身で、大学では歴史を専攻したが、かのアーノルド・トインビーの影響で政治・経済問題にしだいに関心をもつようになった。一八八八年カナダのトロント大学へ移り、そこで政治経済学及び憲政史の教授になり、一八九二年にはハーバード大学へ招かれ経済史教授に任命されたのであった。ハーバードの生活も一〇年足らずで、彼はイギリス最初の商業学の教授として故国イギリスの大学に迎えられることになる。彼がとくに期待されたのは、アメリカにおける実業教育の経験である。

アシュレーはアメリカで高等教育と産業の密接な関係をみて強い影響を受けた。彼はバーミンガム大学商学部設立に当って、そうしたアメリカの産学協同方式をイギリスに持ち込もうとした。それまでイギリスの産業教育といえば、ふつう職工というか、下級の工業労働者を対象とする技術教育、一般教養が考えられてきた。例えば一九世紀前半に盛んであった職工学校《メカニクス・インスチチュート》がそうである。ところがアシュレーの関心は、はっきりいって、工業労働者の教育ではなく、イギリス実業界の指導的立場にある会社社長や、マネージャー、部長、秘書といった人たち、あるいは商業の国際競争に耐えうるセンスをもった高度な財界人の養成であった。

だから商学部の新しいカリキュラムのなかで、アシュレーがもっとも力を入れた学科目は三つあった。

(一) 外国語。学生は入学に際し、外国語を一つマスターしていることが必要とされたが、入学後は第二外国語として独、仏、スペイン、イタリア語のうちから一つを習得することを要求された。会話のできることが当面の目的で、最終学年では外国語による商業通信文(コレポン)を教えられた。同時に学生は、外国の経済文献、技術系雑誌、ビジネス専門誌についての単位が必須とされた。

こうした処置は、明らかに一八九〇年代のドイツ巡回セールス及び彼らが受けた語学の専門的訓練に対応するものであった。遅ればせながらも、商業における外国語重視の姿勢をみることができる。

（二）会計学コース。会計学コースの設置はまさに革命的ともいえるものであった。というのは、会計学の必要性はこれを疑いえなかったにしても、それを大学の教科にすることが適当であるかどうかという点になると、ケムブリッジの経済学のカリキュラム改革に腕を振ったA・マーシャルも、会計学、簿記はその科目の性格上あまりにも実技的であって、大学のカリキュラムに会計学を加えることに反対したのである。だからケムブリッジでは会計学の発達はその後長く遅れることになる。これに対しアシュレーは、既に会計学の講座を設けていたハーバード、ミシガン、ウィスコンシンなど、アメリカの大学に倣い、バーミンガムにイギリスの大学で最初の会計学教授を任命したのである。これは商業教育上、画期的英断であった。

（三）商法。商学部全学生に必須科目になっていたもう一つの柱が商法である。商法の知識が近代の商取引においていかに必要であるかは、いまさらいうまでもないであろう。

以上三つの必須課目に加え、選択課目として講義が行なわれていたものをあげると、例えばつぎの課目があった。貿易実務、貨幣・銀行論、交通論のほか、工業立地論、株式会社論、広告、景気循環、地理、財政、近代史、論理学・倫理学、労使関係論など。これらの課目の多くはイギリスの大学にとってまったく新しいものであったし、経済学を従来のような政党政治と結びついた政治経済学《ポリティカル・エコノミー》ではなく、実業界の要望に沿った実務者のための学問にすることをめざしていた点で、まことに注目すべき改新であったといってよい。このことは一九世紀末におけるいま一つの社会科学系の大学新設、すなわち一八九五年設立のロンドン・スクール・オブ・エコノミクス（ＬＳＥ）と比較すれば、バーミンガムのユニークな試みがいっそう明瞭になるだろう。というのは、ＬＳＥは社会主義者として知られたウェブ夫妻を事実上の創設者として誕生したことからも伺えるように、労働者階級のための若い将来の政治家を育てるための大学であって、いわゆるビジネス・スクールを意図したものではなかったからである。バーミンガムは産業都市であり、しかも一貫して自由主義を掲げた綿業都市マンチェスターと異なり、海外市場で大陸諸国の激しい競争にさらされていた中小業者を多く抱えていたため保護主義に傾いていた。そうした地方の経済情況のなかで、産学協同の新しいビジネス・スクールが生まれたのであって、ロンドンの政治状況のなかから生まれたＬＳＥとは性格において異なっていたことは当然である。

「経済学」から「商学」へ　ところでバーミンガムにおける商学部設置、それに伴う実学中心へのカリキュラム改革は、他の大学に与えた影響が大きく、従来から技術系大学として歩んできた新制赤レンガ大学の多くは、相ついで経済学や商学のコースを設けることになる。

例えばロンドン大学ユニバーシティ・カレジに経済学の講座のために四人のスタッフを置いたのが一九〇三年。また理工系大学として発展したマンチェスター大学に経済学講座が設けられたのは一八九八年、ついで一九〇〇年からは経済学専攻の学生募集を始めるとともに、一九〇三年には経済学とは別に商学コースが設けられた。同じような動きはリーズ大学、ブリストル大学、ニューカスル大学、ウェールズ大学、グラスゴー大学などにもみられた。こうしてイギリスの大学ではだいたい一九〇〇年代に「経済学」から「商学」への変化があり、またこの時代にはそれに関連した商学系学部やコースの新設へと大きく学制改革が進行したのである。

しかも商学コースの柱となっていたのが、バーミンガムと同じく外国語、会計学、法律の三本柱である。

ただ問題は、折角新しい時代のニーズに対応してつくった高等実業学校が、果たしてどのように人びとから歓迎されたか、また期待されたように卒業生の多くが実業界へ入ったかどうかということだ。当時のイギリス人の職業観は、ジェントルマン理念の強い影響のもとで、官吏、司法官、聖職者、医者といった職業には高い地位が与えられていたが、商人やビジネスマンに対してはむしろ社会的に低い地位しか与えられていなかった。D・グラニックは『ヨーロッパの経営者』のなかでつぎのようにのべていた。

「イギリス良家の秀才青年たちは、パブリック・スクールからオックスフォードまたはケムブリッジ大学を卒業後、まず実業界以外のところへ身の振り方を考える。国内勤務の官吏、外交官、また法曹、医療、ジャーナリズム、政治などといった独立専門職、大学さらにはイギリス国教会――こういった方面である。専門職以外の個人企業の分野では、民間銀行および出版という『紳士の事業』のみが、真に尊敬すべき仕事であるとみられていた」。

現在のイギリスでは、大会社のマネージャーの地位が上昇し、オックスブリッジの有能な若い大学出がどっと大企業に入ってきた。しかし、こうした傾向は、実は第二次大戦後に起った変化なのである。

ところで、そうした職業観が支配していた社会環境のなかで、果たしてどれだけ優秀な学生が商学部にきたか、どうかとなると疑問であるけれども、卒業生の多くが地元の企業をはじめ実業界に就職したことは成功であったといってよいであろう。例えばバーミンガム大学商学部の場合、卒業生の大部分は地元で商業の仕事を見つけるか、家業の商売を継ぐ自営の道を選んだ。一九〇五―一四年の間、同大学商学部の学位をとって卒業した学生が六〇人、その殆どすべてが実業界に入ったのである。

二　開国日本は国際化に、どう対応したか

情報化時代は百年前に出現　一九七〇年代以降のコンピューターの急速な発達と、それにつづく高度な情報機器、自動制御の機械、メカトロニクスをへて超LSIの時代を迎えた現代は情報化時代といわれる。いまや情報化時代は工業化時代のつぎにくる新しい歴史段階と規定される。たしかに今日、情報機器の発達と情報のシステム化が、新しい社会組織の誕生と産業構造の再編成をもたらしつつある。しかし経済史上、情報活動の重要性が注目され始めたのは、実は一九世紀後半のことである。

世界経済がイギリスを先頭に自由主義時代に入ったのが一九世紀中頃。その頃から世界市場における商品、資本、労働、技術の自由な移動が始まった。つまりモノ、カネ、ヒト、技術の国際移動である。ところがこれらの移動の背後に、従来殆ど注目されることはなかったが、実は激しい通商競争と各国政府による「情報」戦略が絡んでいた。自由主義時代は組織的な情報活動を除いてはありえなかったということ、私はこの事実に注目したい。

いつの時代でも、金儲けに成功したものは人より早く情報をつかんで、その情報をうまく操作したものだ。だから情報活動は利潤追求の経済行為の基本的前提をなす。ということは、情報の問題は歴史とともに古いということである。経済活動だけではなく、軍事行動、政治活動など一般に人間の行動における情報の重要性はいまさらいうまでもない。しかも情報を支配するものが支配者になるというのが支配の原理である。その意味において、情報は本来個人の秘密に属するのであって、秘密であることによって価値がある。情報の本来の特徴は実はここにある。

ところが自由主義時代の国際競争は、個々の商人・商社が入り乱れて互いに商売を競うと同時に、個々の商人・商社の背後にある国家が、その国益と威信をかけて競い合うという、競争の二面性がつきまとっていた。しかもこの二面性のなかに、個人と国家との対立と協調という矛盾が含まれていた。このことが本来個人の秘密に属すべき情報の分野に、国家が介入干渉すべきかどうか、が問題になる。他方、こと海外情報に関するかぎり、私企業は国家権力による情報活動に依存した方が、調査や実際の販路拡大には効果的であることも事実である。とくに個人の自由な経済活動をタテマエとし、国家の干渉をできる限り排除してきたイギリスにとって、対外貿易活動にもこの自由主義原理をあくまで貫くべきかどうか、また実際貫くことができるかどうか、一九世紀末における貿易のジリ貧現象を前にして大きな試練に立たされていたのである。

通信・情報革命　ところで情報の問題が登場したいま一つの歴史的背景に、一九世紀中頃から急速に拡大した通信情報革命があった。鉄道の開通と普及、蒸気船の大洋就航と併行して、通信手段にも革命的変化が起った。いまヨーロッパにおける主な発明と普及を年表風にのべておくと、まずサミュエル・モールスが有線電信機を発明したのが一八三五年。イギリスで最初の電信が開通したのは一八三八年、この年グレート・ウェスタン鉄道の電信線が、ロンドンのパディントンとウェストドレイトンを結んだ。他方、電信線でイギリスとヨーロッパ大陸が結ばれるのは一八五一年で、この年海底電線がドーバー海峡に敷設され、その結果ロンドンとパリが直結した。また技術的に困難をきわめたのが大西洋横断の海底電線の敷設であったが、一八五八年以来何回も失敗を重ねた末、ついに成功したのが一八六六年。ついで一八七一年（明治四年）には上海・長崎間に海底電線が敷設されたことで、日本も上海をつうじて世界の電信網に結ばれることになった。

いずれにしても一八七〇年代には、世界の主要な都市が電信で直結され、世界市場は情報化時代に入ったのである。やがて七〇年代後半からは電話が普及、また一八九六年マルコーニが無線通信を発明して以後は、無線通信がこれに加わった。こうして情報伝達手段が飛躍的発達をとげるとともに、情報量も急速に増加した。

こうしたハード面の発達に対応して、ソフト面の発達もいちじるしかった。とくに注目すべきは、海外ニュースの商品化である。一八五一年海底電線によってロンドン—パリが直結したとき、ロイターが大陸の金融情報をいち早く入手し、ロイター速報として販売、やがて通信サービス網をアムステルダム、ベルリン、ウィーン、アテネに拡張したが、これは情報の歴史で画期的な出来事であった。

それとほぼ同時に、各国において民間経済情報誌が出版され、いち早く情報化時代への対応が始まった。イギリスのロンドン『エコノミスト』（一八四三—）、フランスの『フランス・エコノミスト』（一八四二—）、アメリカの『バンカーズ・マガジン』（一八五〇—）といった経済情報誌は、いずれも一九世紀中頃に発刊された。これらは国内経済情報のほか、しだいに海外通商情報に力を注ぐようになる。

『エコノミスト』に最初に紹介された日本記事　いまロンドン『エコノミスト』によって、イギリスの日本への最初の関心をみてみると、『エコノミスト』誌に現われた最初の日本の記事は、一八五四年一月二十八日号における「ペル・メル街での日本（Japan in Pall Mall）」である。すなわち五三年六月のアメリカ使節ペリーの浦賀来航を記した上で、ペル・メル街（ロンドンの有名なクラブ街）におけるささやかな「日本伝統工芸博覧会」のことが紹介されている。このコレクションは最近あるイギリス人が日本と交易していたオランダ人をつうじて入手したものである。その中には日本婦人の文机、用だんす、日本人の日常生活を描いた屛風、きせる、その他家具調度品が含まれていて、いずれも日本の工匠の技と美を代表するものである、と日本の伝統工芸を称賛した上で、やがて我々は日本を開国に導かねばならない、とすればこの博覧会はそのとき日本人が欧州人の要求に応じて何を提供できるかの参考になるであろう、としていた。

その日本開国への期待が五四年三月、日米和親条約となって実現したが、『エコノミスト』はいち早く五四年六月三日号において「日本、商業世界に参加」と題し、その日米交渉の経過を詳しく報じていた。さらに五八年六月、日英間に締結された修交通商条約が『エコノミスト』誌にとり上げられたのは、その年の十一月六日号。ここではイギリスからの輸出品に綿、毛織物製品をあげ、日本からの輸入として銅と樟脳に期待していたことが記されている。「そして日本人は中国人とちがって西洋の科学技術に対して強い関心をもっており、その能力と向学心は驚くべきものがある。電信については既に知っているし、晴雨計や寒暖計を自作し、彼らのつくる双眼鏡、顕微鏡はとても安くて性能がよい。多くのものはオランダ語を話すし、英語を話すものもいて、日本人のすべては学習意欲に充ちている。」といった調子で日本人をベタほめにほめているのが目につく。またロンドンと略《ほぼ》同じ人口をもつ江戸について、一週間江戸に滞在した一旅行者の話として、「江戸は不潔と貧困のないロンドン」であると紹介していた。

ともかく一八五〇、六〇年代は、従来ヨーロッパが未知であった極東をはじめ、世界各地へ市場がぱっと拡大した時期で、それだけに海外経済事情への関心はとみに高まった。そのニーズに対応して民間の海外情報活動はにわかに活発になる。しかし、ここでは民間の情報活動とは別に、それと併行して行なわれていた政府による海外商況調査、情報収集活動に焦点をあててみたい。というのは、英独貿易摩擦に際しても、つねに問題となったのは、政府の海外情報活動に対する態度であったからである。

領事の情報活動　それでは政府による海外通商情報収集の中心になったのは何かというと、それは在外公館、とりわけ領事館であった。

領事館とか領事といっても、国内における日常生活とは直接関係がないので、今日あまり知られていないのが実状である。しかし、ひとたび海外に出ると、領事の世話にならなければならない。というのは、領事は駐在国において本国及び在留自国民の利益を保護することを主な任務とする政府機関だからである。現在では領事館の設置、領事関係の開設は一九六三年の「領事関係に関するウィーン条約」を基礎として行なわれている。領事の任務は一般的には、駐在国における本国及び自国民の利益保護、両国間の通商上、経済上、文化上の関係及び友好関係の発展と促進ということになっていて、条約締結など外交関係の仕事には直接関係しない。それでは具体的にどういう仕事をするかというと、旅券・渡航証明書・査証の発給、在留自国民の出生・死亡・婚姻の届出の受理など公文書の発給・証明、もう一つは管轄区における通商・経済上の情報を本国政府へ報告することである。こうした領事の任務は、一九世紀においても基本的に変わっていないが、当時は国際的移動がもっぱら船舶に依存していたから、主要な各港に領事が駐在して、出入する自国船舶の保護、船長・船員の保護に当っていた。

ところで、政府の海外経済情報活動の一環として領事が大きな役割を果したというのは、実は領事の任務のうち、本国政府へ定期的に送った現地における通商・経済関係の情報のことである。この報告はふつう「領事通商報告」または「領事報告」とよんでいる。

現在でも領事は「領事報告」を本国へ送る義務をもっているが、今日のような発達した情報社会では、各会社、各商社がその必要な情報を独自の情報組織で収集するため、領事からの通商情報は、その情報価値においていちじるしく低下した。しかし各国ともまだ殆ど知られていない、国交を樹立したばかりの国と通商を始めねばならなかった一九世紀後半の国際環境にあっては、商人や商社の進出とほぼ同時に領事が置かれ、自国民の保護とともに通商情報を「報告」として本国政府へ送った。殆ど情報のない地域の情報であったから、当時の領事通商報告は第一級の情報価値があったし、とくに外交特権を利用しての領事による市場調査は、市場開拓、商品売込みに躍起になっている商人にとって、かけがえのない情報であったであろう。大げさな表現をすると、領事の情報活動が激しい国際貿易戦争のなかで、一国の貿易活動の運命を制したとさえいってよい。

しかし情報をとりさえすれば、それでよいというものではない。問題は情報をどのように実際の民間の貿易活動に生かすかということである。そのためには、政府の海外情報が、中央官庁から地方官庁、各地の商業会議所、業界団体などをへて末端の生産者へ流れるルートが一つのシステムを形成していること、また逆に情報のフィードバックによって、生産者の要求が情報収集に生かされるような生きたシステムになっていることが重要である。そうでなければ、「領事報告」が情報として効力を発揮しないであろう。

ところで、「領事報告」が海外通商情報として情報の公的価値が高ければ、それだけ情報収集に当る領事の資格が問題になってくる。領事に適当な人をえなければ、経済情報を収集するといっても、価値のない情報を集めたのでは何の役にも立たない。

遅れたイギリスの領事の養成　いったいどんな人たちが領事に任命されていたのか。

元来、領事の制度ができたのは中世ヨーロッパ、かの十字軍の遠征によって通商活動がレバント地方（今日のイスラエル及び周辺の回教諸国）に拡がったときである。十字軍遠征後、イタリア諸都市は回教国君主と協定を結び、この地方に植民地や居留地を設けるとともに、そこに居住する自国民を保護するために官吏を派遣し、司法上・行政上の広範な権限を与えた。これが領事の起源である。

その後一七、一八世紀の重商主義時代になると、ヨーロッパの通商圏は地中海から北欧圏へ拡大し、各国間の商業戦争が激化するなかで自国商人保護の必要がいっそう高まった。イギリスについていえば、領事の数も一六六〇年代の十三、四から、一七五〇年には三十九、一七九〇年には四十六としだいに増加した。ところが問題はその領事の質である。領事の役割と機能への期待が高まっていたにもかかわらず、実際領事に任命されたものは、宮廷貴族の縁故者とか宮廷の実力者への賄賂で手に入れたものが多かった。こうした連中は、まったく商業に無知な軍人とかで、元来領事に適さない素人であったといってよい。

これら素人の領事たちは、もっぱら手数料収入によって個人の利益をあげるのに熱心であって、本来の商業の国家的利益を顧みない。手数料収入というのは、入港する船舶のトン数及び積み荷の評価額に応じて徴収するものから、旅券や査証の発行、出生・死亡の証明書の発行など、領事の業務に対しその都度徴収した手数料が含まれる。その手数料は元来国庫収入になるべきものであるが、当時は領事に俸給を支払っていなかったから、手数料収入が個人所得になり同時に領事館の経費に当てられていたのである。その手数料の額は領事の駐在地によって異なるが、場所によっては年収九〇〇〇ポンドをあげていた領事もあった。年収九〇〇〇ポンドといえば大地主の年収に匹敵する。これでは商人や海運業者が黙っているはずがない。一九世紀になって海外貿易が世界に拡大し、商業活動が活発化するにつれ、領事及び領事制度に対する不満、その改革の必要が声高く叫ばれるようになった。

そうしてイギリス議会は一八三五年以降二〇世紀始めまで、領事及び領事制度の改革に取り組むことになる。領事制度改革の焦点になった問題は、大きく分けて二つある。一つは、領事の待遇改善と資格の問題、いま一つは、「領事報告」の問題である。

まず領事の待遇改善の問題は、財政上の困難もあって、いきなり全員に俸給を支給するわけにいかなかった。徐々に俸給支給領事を増やす処置をとったものの、相かわらず高い手数料を徴収し私腹を肥やす領事も多かった。領事採用試験によって大学出の領事を任命するようになるのは一九〇四年以後のことである。それでも領事試験は外交官試験よりもかなり程度の低いものであった。そうした状況からも分かるように、イギリスの領事は一般的にいって外交官よりも地位が低く、現地の言葉もろくにできない、教養の低い連中が多かったといってよい。ただ極東地域は領事特別区になっていて、中国、日本へきた人たちは、中国語、日本語を熱心に勉強し、人物としても優れた者が多かった。それでもイギリスの外国語養成制度は、欧州諸国や日本と比べても遅れていた。例えば東洋語の言語センターについていえば、一九世紀末には既に大陸においては、パリ、ベルリン、ウィーン、モスコー、セント・ペテルスブルグ（現在のサンクトペテルブルク）にそれぞれ東洋語学校ないし大学に東洋語学部があって、東洋語の研究や専門家の養成に当っていたが、イギリスにはそうした機関は当時まだ存在しなかった。イギリスが東洋進出のための人材養成を目的としてロンドン大学に東洋・アフリカ研究所を設立したのは、ようやく一九一七年のことであった。

因みに日本における外国語専門教育についてふれておくと、それは幕末の江戸の洋学所（開成所）に始まるが、明治六年（一八七三年）に東京外国語学校が開設され、英・仏・独・露語を教授。その後、明治二十年東京商業学校（のち東京商科大学となり現在は一橋大学）設立とともに合併されたが、そこでは英・仏・独・伊・中国語について、読書、会話、作文、翻訳を中心とするカリキュラムが編成され、領事養成のための「領事科」を設置した早期の対応は注目すべきであろう。

いずれにしてもイギリスは海外情報センターの政府職員というべき領事に、適当な人材を確保できなかった上に、領事養成に立ち遅れが目立ったことは否定できない。そのことは「領事報告」その他の経済情報の収集における立ち遅れにも反映する。

日本の「貿易事始め」と情報戦略　幕府による長い間の鎖国政策は、強烈な外圧によって一気に崩れた。一八五八年、英米その他の列強によって押しつけられた不平等条約のもと、日本は外国貿易にのり出さざるをえなかった。

たしかに鎖国中といっても、日本は長崎においてオランダ、及び中国と交易を行なっていた。しかしその交易は幕府の管理下におかれた管理貿易であったのに対し、横浜、兵庫など五港の開港によって始まった今回の貿易は、いままでとは逆の立場で、いわば外国に主導権を握られ管理された貿易であった。外商の注文に応じて、彼らの欲した生糸、茶、蚕種紙といった商品を開港場まで運んで売込むというかたちで貿易が始まった。彼らが本国から送ってきたものは綿織物、毛織物、その他軍艦、武器を含む工業製品であった。つまり日本の貿易パターンは、今日の発展途上国のように一次産品輸出、工業製品輸入といった半植民地的・従属国型貿易構造をもって出発したのである。

しかし日本が列強の半植民地でもなく、従属国でない以上、できる限り早く、そうした貿易構造から脱出しなければならない。そのためには政治・外交上の努力、不平等条約改正のためのねばり強い交渉を重ねなければならなかったことはいうまでもない。しかし何といっても、日本自身が官民一体となって国際化に対応する経済構造をつくり上げるとともに、その上に立って積極的な海外貿易への進出をはかり、貿易の実績をあげることが必要であった。明治政府はそのために早くから殖産興業と直輸出政策に力を入れた。

ところで、日本経済の国際化とそれへの対応としての殖産興業といっても、具体的に何をつくれば海外で売れるのか。国際市場の激しい競争のなかで貿易をするためには、海外経済事情一般のみならず競争相手についての情報をもつことが必要である。すなわち日本経済の国際化とそれへの対応の前提として、海外通商事情というか、世界経済に関する情報を把握しておかねばならない。ヨーロッパ諸国の近代化・工業化と比較して、日本の近代化の歩みを考える場合、根本的に事情がちがうのは、維新直後の日本は殆ど世界経済についての情報をもたず、国際化への準備なしにスタートした点である。

いったい日本は二三〇年に及ぶ長い鎖国のあいだ、貿易のための海外経済情報の収集はとくに必要としなかったから、そうした情報の蓄積はいわばゼロにひとしかった。勿論、鎖国中といえども、長崎を窓口として、ある程度西洋の政治や文化、学術情報を摂取していたことは事実である。しかし、こと貿易実務に必要な情報に関する限り、その必要がなかったために、殆ど関心をひかなかった。こうして明治になって、貿易の対象になった身近なものでも、まったく世界市場における位置づけと商品知識をもたなかったので、あわててしまったのである。

例えば、開港直後から生糸と並んで日本の二大輸出品になったのがお茶である。日本は当時中国についで世界第二の生産国であり、茶の本場であった。ところが日本は世界の茶の大国でありながら、当時世界市場で最大のお茶の需要があったのはイギリスであり、そのイギリスでは紅茶が主流であったということを知らなかった。しかも緑茶と同じ茶の葉からつくる紅茶について、そのつくり方もまったく知らない有様であった。考えてみれば不思議な話である。紅茶というのは、茶の葉を発酵させて乾燥したもので、製造技術的にはそれほど難しいものではない。発酵茶は高知県や徳島県の山中で、碁石茶とか阿波晩茶という名前で最近までつくられていたから、日本でもないわけではなかったが、問題は、中国紅茶が大量にイギリスに輸出されていて、それが英中貿易摩擦をひき起こし、ついにアヘン戦争に発展したほどの、世界史を動かす大きな役割を果たしていたという事実を知らなかったことである。まさに井の中の蛙、大海を知らなかったのである。

こうして維新後の日本は、いわば広漠たる世界の大海へ、右も左も分らないまま、いきなり放り出されたようなものであった。生きてゆくためには、まず輸出市場を確保して外貨を稼がねばならない。といって、何をどこへ売ればよいのか、海外でどんな日本商品に需要があるのか、何ひとつ情報をもっていなかった。

万国博への参加による情報収集　手っとり早い情報収集の方法は、世界各地で開かれる万国博など博覧会への出品である。大規模な国際博覧会は、一八五一年ロンドンでの水晶宮博が成功して以来、欧米諸国は博覧会に力を入れた。博覧会には国内の産業発展のための内国博と、各国から出品を募る国際博とがあるが、一九世紀後半はこの二つの博覧会が頻ぱんに開かれた、文字どおり博覧会時代を形成した特異な時代である。国際博はとくにお祭りをかねた商品の見本市の性格をもっていた。だから博覧会場はヒト、モノ、情報が世界中から集まる一大情報センターになっていたのである。明治新政府は博覧会の意義を評価し、国内では内国勧業博覧会の開催を奨励し、海外へは各地で開かれた万国博へ積極的に参加した。

明治政府がはじめて正式に参加した万国博は、明治六年オーストリアのウィーンで開かれたウィーン博である。政府は博覧会事務局総裁に大隈重信を迎え、副総裁には佐野常民を配する、非常な熱の入れようであった。参加の目的は、佐野副総裁がのべていたように、日本の産物をもって海外に国の栄誉を掲げるとともに、「各国の列品と其著説とを精密点検し、又其品評論説を聞知」するなど、日本の産物の評価を直接知ることで、輸出増進の一助にしようとしたことである。そのために国内から、例えば陶器、漆器、銅器、絹織物、寄木細工、扇子、絵画、和紙、麦ワラ細工といった日本を代表する伝統工芸品を集めて出品するとともに、日本のイメージをＰＲするために、日本庭園、神社、五重塔、大提灯などエキゾチックな装置を配備した。博覧会における出品物の評価は、現地の新聞をつうじ、また専門家から直接知ることができたし、優秀なものには主催者から賞が与えられた。

ウィーン博への参加は、日本商品のPRのみならず、欧州はじめ世界の産業・技術・文化情報の収集に関しても、大成功を収めたため、それ以後、世界各地で開催される万博へは、事情の許すかぎり参加し、貿易振興の一助にした。一九世紀中、日本が参加した主な万国博は、明治八年（一八七五年）のメルボルン博、明治九年（一八七六年）のフィラデルフィア博、明治十一年（一八七八年）のパリ博、明治十二年（一八七九年）のシドニー博、明治十三年（一八八〇年）のメルボルン博、明治二十二年（一八八九年）のパリ博、明治二十六年（一八九三年）のシカゴ博、明治三十三年（一九〇〇年）のパリ博などで、いずれも規模の大小のちがいはあるが、海外貿易振興と通商情報の収集が主な狙いであった。

メルボルン博への参加　この日本の参加した万国博リストのなかで、いままで殆ど注目されなかったのが明治初期に開催された豪州の博覧会である。ヨーロッパとかアメリカで開催された万国博については、しばしば言及されてきたが、豪州の博覧会については奇妙なことに、従来のどの「万国博の歴史」にもとり上げられたことがない。しかし政府による海外市場調査及び海外通商情報収集の観点からすれば、豪州博への参加は実に重要な意味をもっていた。

一八七五年のメルボルン博は、日本が参加したから国際博のように見えるが、実は豪州各州がその産物をもち寄って、七六年のフィラデルフィア博への参加に備えた準備博ともいうべき内国博であった。そんな内国博へ海外から参加したのはシンガポールと日本だけである。シンガポールは英連邦の身内であるから別におかしくないが、豪州植民地内国博と銘打った博覧会にどうして日本がノコノコと出かけていったのか、いまもってよく分らない。しかも、もっと奇妙なのは。博覧会は例によって賞を出す習わしであるが、このとき日本が貰ったのは銀と銅二つのメダル。そのうち日本政府代表として銀メダルを授けられたのが駐日英公使パワー・パークス、どうしてパークスが日本代表なのか。

ともかくメルボルン博への参加には謎の部分があるにしても、参加したことにはそれなりの成果があった。日本からの出品はここにおいても、陶磁器、漆器、刀剣、絹織物で銅製品、扇子といった工芸品であったが、博覧会へ派遣された勧業寮出仕・橋本正人、坂田春雄は、豪州に公人として足跡を印した最初の日本人で、豪州市場の将来性調査の使命を帯びていたのである。橋本によれば、豪州市場は日本にとって茶、鮭、漆器、寄木細工の輸出、羊毛の輸入が、彼我の貿易の伸張に役立つ、とみていた。

一方、一八七九年のシドニー博においては、日本は工芸品に力を入れたにもかかわらず、豪州が日本に期待したのは、むしろ農産物であることが分った。日本の出品物のうち、米、勧農局の紅茶、小麦、煙草《シガー》などに対し「特撰」とか「推奨」といった裁定や賞が与えられたのに、日本の期待した工芸品には現地の新聞がこぞって絶讃したけれども、賞などが与えられなかったことは、豪州の意向がどこにあったかを示している。日本の優れた美術工芸品は高価なために、所得水準の低い豪州人は買いたくても買えなかった。農産物以外のものといえば、日常生活に必要な安ものの漆盆、箱、竹器、和紙などが関心を引く程度であった。こうしてシドニー博へ派遣された坂田春雄は、さきの橋本正人とは異なり、日本からは紅茶と米が有望であろうとしたのである。

紅茶というのは、明治七年以後、勧業寮が中心となって中国ついでインドから技術者を招き、日本が始めてつくった輸出向き紅茶である。折角つくった紅茶の販路をどこに求めるかが最大の課題になっていたところ、豪州が有望であろうという情報が寄せられたわけである。というのは勧農局から出品した紅茶に「特撰」の賞が与えられたばかりか、各種パーティーやホテルで配布して試飲宣伝した結果、かなり手ごたえがあったからである。

一九八八年に建国二〇〇年を迎えた豪州は、かつてイギリス移民によってつくられた英領植民地であった。だから彼らはイギリスの習慣に従って一日に何回も紅茶を飲んでいた。その紅茶は大部分が中国紅茶で、一部インド紅茶の輸入が始まったばかりであった。中国茶は不純物の混じった粗悪品である一方、インド茶は値段が高くてふつうの豪州人には手が出ない。そこへ割り込もうとしたのが日本紅茶であった。日本紅茶を売り込むにしても、これを従来のように外商に任してしまえば、彼らは中国茶かインド茶とブレンドして販売するであろうから、折角の日本紅茶の特色をアピールできない。外商委託ではなく、直輸出の計画を立てるべきである、というのが坂田の結論であった。その場合、茶は漆の箱に詰めるのがよいし、しかも箱は外観が美しくて堅牢なのがよい、と坂田は細かな注意を施すのを忘れなかった。ともかく坂田は二度にわたる豪州博覧会出席によって、日本にとってまったく未知の豪州を調査し、ここを日本紅茶の有望な市場として開拓できるという確信をもっていたのである。果たして坂田の期待どおり、日本紅茶は豪州に進出できたのだろうか。

日本紅茶の豪州進出　開港後の日本の貿易は主として外商の手をへて行なわれていた。政府の直輸出奨励にもかかわらず、明治十一年度においては、輸出入総額のうち、日本商人の取扱高の比率はわずか六・三パーセント、これに対し外商の比率は実に九三・七パーセントを占めていた。外商の手から主導権を日本商人の手にとり戻すといっても、一朝一夕に挽回できるものではない。そこで注目されたのが、新しく始まろうとしていた豪州貿易である。ここでは「萬一ニモ旧轍ヲ踏ムベカラズ、宜ク先鞭一着シ、其乗ズベキ時機ヲ失ハズ、我ヨリ商戦ヲ挑ムベシ」と、坂田は意気さかんであった。具体的政策として、対豪貿易国策会社を設立し、勧農局製の紅茶や政府の扱っている米の輸出に当らせるプランを立てた。

この坂田の国策会社設立構想は、残念ながら実現するに至らなかったが、政府は紅茶輸出についてはこれを民間人に委託する方法をとった。民間人というのは、鹿児島県の新納卓爾と愛媛県の佐々木猛綱の二人。この二人はシドニー博の出品代理人として渡豪した民間人一一人のなかの二人で、帰国後、豪州で茶を売れば儲かるというので、勧農局製紅茶の販売を申請したものである。またいま一つ明治十四年に設立された横浜紅茶商会があった。いずれも政府から紅茶を下渡されて豪州へ輸出した。明治十四年には民間人二人の合計九五〇〇ポンド、横浜紅茶商会、同じく一五万斤（一八万ポンド）というかなり大量の紅茶を輸出した。一応輸出は成功であったというが、その後の輸出は続かなかった。

どうして期待どおりにことが運ばなかったのか。民間人ではなく国策会社を設立すれば旨くいったのかというと、どうも輸出の組織や主体に問題があったというよりか、もともと紅茶に関する市場調査が甘かったといった方がよい。競争相手を中国茶とみて、中国茶ならば対抗できると考えたのかもしれない。しかし問題は急速に市場を拡大しつつあったインド茶にあった。インド茶は大規模なプランテーションと機械化によって生産費を下げ、ブレンドによってイギリス人の嗜好にあった紅茶に仕立て、豪州人の間にぐんぐんと進出しつつあった。これに対して紅茶づくりの経験が浅く、試作品のような品物をもって、たとえお世辞であれ「好評」をえたからとはいえ、始めての商売に多大の期待をかけることは間違っていたのではないか。ましてインド茶の情報については、まったく収集するだけの組織もルートもない状態で、インド茶の競争を甘くみたところに判断の誤りがあった。一度や二度の短期の旅行で十分市場調査ができるはずがない。このことは坂田自身も充分承知していて、彼はそのために豪州に日本領事をおく必要を進言していたのである。領事による定期的な通商報告、それはまさに定点観測による情報収集の手段である。豪州における失敗が直接の契機になったというわけではないが、やがて海外情報戦略としての領事の戦略的配置と領事機能の充実が、政府の輸出奨励策の中心課題になってくるのである。

第二部　明治前期の海外市場開拓と領事の情報活動

Ⅰ　イギリス市場と「貿易事始め」

一　イギリスにおける日本雑貨ブームと領事・園田孝吉

ヨーロッパにおける日本領事館の開設　日本がヨーロッパに領事館を始めて開設したのは、ロンドンではなく実はイタリアのベニスで、明治五年十月のことであった。横浜税関長としての経験をもつ中山譲治が総領事として任命された。どうして最初の領事派遣地としてベニスが選ばれたか。その理由は、陸奥宗光などの意見に従って、生糸・蚕糸業の中心であったイタリアから、その製造方法や貿易の情況などの情報を収集するためであった。その背景には、幕末開港以来、重要輸出品のひとつであった蚕種紙輸出がこの頃になって衰退し、廃業倒産が続出するという深刻な国内事情があった。

しかし、ベニスへの領事派遣も期待したような成果はなかった。中山がベニスへ着任したのは翌明治六年の始め。到着してみると、ここは生糸・蚕糸業の情報収集のためには、あまり重要でないことが分った。そこでもっと適切なところを捜した結果、フランスのマルセイユがよかろうということになり、明治七年三月領事館を廃止して、マルセイユに領事館を開設することになった。初代領事にはロシア公使館二等書記官であった中村博愛が任命された。領事館を開設したものの、経済・通商の専門家でない一外交官が、現地の事情に通じて情報を収集するには多くの困難がある。しかも明治八年五月には、太政大臣から外務省に対し、貿易報告に関していっそう精密な情報を求めた「貿易報状規則」が指示されていた。例えば領事駐在地の輸出入品の種類、その輸出入国及び輸出入統計、駐在地の主要な産物の市場平均価格、また輸入禁制品があればその詳細、自国船・他国船別の輸入品に対する課税の詳細、流行病予防法及び出入港規制、駐在地における日本商人の動向及び日本商品が何に使用されているか、こうした事柄を調査し原則として三か月毎に報告せよというわけである。さらに明治十七年六月の外務省達の「貿易報告規制」では、領事に対し月報、年報のほか、臨時報告として、灯台、浮標、水路など航海に必要な事項、諸機械の発明、物価の変動、為替相場、金銀相場とその変動の原因と意見などを求めている。領事をつうじての通商貿易情報の収集は、こうしてしだいにその調査範囲を拡大し精密化してゆく。

領事は元来在留自国民の保護を職務とするが、在留日本人が少ないところでは、日本人保護の問題は少ないが、通商情報収集の必要度が高いところには、名誉領事をおいてこれに対応した。名誉領事は現地の事情に通じている外人を任命した。通信費などを支給するだけで、基本的には無給で、貿易情報などの報告を得ようとするものであった。マルセイユも明治十年四月中村領事が転任した後は、名誉領事制に切りかえられた。以後、明治十年代のヨーロッパの領事網の拡大は、主として名誉領事館設置のかたちをとる。ハーグ、マルセイユ、ローマ、ナポリ、ミラノ、アンベルス、ベルリン、トリエステ、ハンブルグ、メッシナ、ブルッセル、など皆そうである。

そのなかにあって、日清戦争前の時点でヨーロッパで日本人領事が派遣されていた領事館が二つあった。一つは、明治九年開設のロンドン、もう一つは明治十七年開設のリヨンである。リヨンは世界の絹織物工業の中心で、日本の生糸・絹織物輸出もリヨンの動きで影響を受けるから重要である。一方、ロンドンはいうまでもなく世界貿易の中心であり、海運・金融・商業・工業はもとより世界経済の情報がすべて集まっている情報センターである。

ロンドン領事の園田孝吉という人物　ロンドンに領事館が開設されたのが明治九年四月、その後五年を経過した明治十四年四月、外務省は費用節減のため領事館を閉鎖することを決定した。これに対し大蔵省は国際金融の中心地であるロンドン領事館を閉鎖することは好ましくないという理由で復活を強く主張したため、同十四年末に再開され、新しく領事に任命されたのが園田孝吉である。

園田孝吉（一八四六―一九二三年）は鹿児島出身、幼くして鹿児島開成所に入学して英語を学ぶ。やがて東京帝大の前身である大学南校に入り、米人宣教師フルベッキについて英語を学ぶとともに、寺島宗則が開いていた寺島塾で薩摩出身の同窓高橋新吉と、前田正名らと親交を結ぶ。園田は大学南校を出るや、外務三等書記生として英国公使館に勤務したのち、明治十四年に再開されたロンドン領事館の領事に任命されることになるが、大蔵省がとくにロンドン領事館再開にこだわったのは、園田に特別の任務を期待してのことであった。というのは、それまでわが国の対外財政金融事務は一切あげてフランスで取り扱っていたのであるが、今後はすべての取り扱いをロンドン領事館に移し、園田に当らせることにしたのである。領事館は官制上は外務省の配下に属している。しかし、在留邦人が少ないため領事本来の事務よりも大蔵省所管の事務の方が大切であった。とくに当時、日本から折角輸出したにもかかわらず、輸出貨物の代金回収が滞り、国家財政に支障を来していた。そこで大蔵省は代金回収の取り締まり、正貨回収の任に堪えうる敏腕の士に園田領事をあてることにしたのである。

こうして園田はロンドンに着任するや、直ちに政府の命によって銀塊の買い集めに奔走し、三年間に回収した銀は実に五〇〇〇万円、という大成功を収めたのである。政府はこれを財源として西南戦争のときの不換紙幣の大整理を断行し、辛うじて財界の形勢を支えることができたのであった。

園田は英語を操ることが自由であった。園田が英国人と会談しているのを隣室できいていた人が、とても日本人が話をしているとは思えなかったというエピソードが残っている。それほど、園田の英語は日本人離れをしていた。たんに英語が上手であっただけではなく、事務的にも園田は実に有能な領事であった。彼は「領事報告規則」に従って三月毎、半年毎、一年毎に輸出入額及びその増減を「貿易報告」として送るとともに、茶、生糸、米といった日本の輸出品についてはとくに項目を立ててロンドンへの入荷状況、需要、価格など商況を逐一報告する熱心さであった。彼は明治二十一年まである七年間ロンドン領事を勤めた。この間約二〇か所の世界各地から領事報告が外務省へ送られてきたが、そのうちでもっとも量が多く内容も充実していたのが、園田領事の報告であった。いかに彼が情熱を傾けてイギリスの商業組織を研究調査し、日本の商業の発展のために最新の動向を伝えようとしたか。『通商彙編』には「倫敦商法会議所」についての略史、組織及び権限、会議所組合規制、全国商法会議所聯合会の紹介、あるいは「商品売買約定及び割引等の事」としてイギリス国内の主要な商品についての取引の習慣を、また工業デザインの所有権保護条約制定の動き等々、園田領事から寄せられた多くの貴重な情報がとくに光っている。

園田が送ってきた「貿易報告」の分析と意見をよく読めば、一八八〇年代のイギリスが外国貿易でジリジリと後退を重ね、それがはね返って国内の景気もまた不況に陥っていたことが分る。彼は、英国政府が一八八五年、商業不振の原因調査のため王立調査委員会を設置したことを、委員会設置後直ちに、その調査項目と要点を添えて外務省へ報告している。大英帝国の屋台骨がぐらぐらと動き始めた有様を鋭い眼でじっくり観察していたのである。

日本ブームが招いた日本商品の進出　そうしたなかで眼をひくのが、日本商品のいちじるしい進出であった。「近年我ガ陶器・銅器・漆器・七宝器等ノ類、頗ル流行シ、其ノ取引ニ従事スル者漸次増加シ、市中我ガ器物ヲ販売スル商店到ル處トシテアラザルハナシ。蓋シ此クノ如ク此ノ商業ノ拡張セシハ、我ガ製造ノ精巧ニシテ其ノ模様ノ風雅ナルニ依リ、大イニ当国人ノ嗜好ニ適セルヲ以テナリ」（明治十八年一月三十日報告）と。

どうして一八八〇年代のイギリスに日本ブームが起ったのか。

日本美術工芸品への関心をよぶ契機になったのは、実は一八六二年（文久二年）の第二回ロンドン万国博での日本セクション、とりわけそこに展示された日本の美術工芸品であった。一八六二年の博覧会は、いうまでもなく日本が公式に参加し出品した博覧会ではない。しかし、いったいどんなものが会場に展示されていたかというと、漆器の部では、例えば外国掛・安藤対馬守の家紋入り広蓋、前外国掛の堀織部正の所蔵していた大盃、井伊直弼所蔵の調度品各種、印籠、提重《さげじゅう》、弁当箱、金蒔絵といった豪華な漆塗の数々。陶磁器では色絵の大瓶一対とか、ひょうたん形染付磁器、その他に青銅で作った花立て、燭台、香炉、吊り灯籠、和紙、染織など数百点。これらはすべて初代駐日公使オールコックが収集し、本国へ送った品物であった。

この展示品に対するイギリス側の反響は大きかった。イギリスの画家レイトンは「きわめて精巧な仕上げを施された色の調和、そして対称をさけ、するどい視覚を愛好する趣き……。彼らは甘美なるもの、柔らかくきれいなものの効果が、怪奇なものによって高められ、しかもすべてが調和している」といった調子で、口を極めて称賛していた。日本の実情がほとんど一般に知られていなかったなかで、これら出品物が表現する日本人の芸術的特性が人びとに強い印象を与えた。

ところでこの博覧会を訪れ、日本の美術工芸にいたく感動した一人の青年がいた。当時一八歳のアーサー・ラセンビー・リバティーである。彼は当時ファーマー・アンド・ロジャース商会の店員として働いていたが、東洋の装飾美術に対する大衆の憧憬とニーズを確信した彼は、やがて独立してロンドンの繁華街リージェント・ストリートに自分の店をもち、インドのショール、日本の陶磁器、漆器、版画などを売り出した。一八七五年のことである。彼の周囲には、たちまちウィリアム・モリスやカーライル、ラスキンをはじめ、多くの著名な芸術家やデザイナーが集まってきた。リバティーは手作り民芸運動のセンターになるとともに、東洋美術工芸品の販売で急速に発展しつつあった。

こうして東洋美術工芸ブームがイギリス国内に拡がってゆくが、それを支えたのが、ビクトリア朝の豊かになった中産階級である。世界の富を集めた中産階級は、部屋数の多い広くてゆとりのある住宅に住むようになったが、同時に家庭の中をインテリア・デザインで美しく装飾することが流行したのもこの時代である。絨毯を敷きつめたラウンジにはピアノやソファ、アーム・チェアを置き、壁に切ったマントルピースの上には、飾りつけの花瓶や陶器、ガラスや銀あるいは青銅でできた置物で飾るのが一般の風俗になった。そうした小物インテリアの格好の対象になったのが、日本ブームにあやかった陶器・銅器・漆器などの美術品や雑貨類である。

園田領事の報告（明治十八年一月三十一日付）によれば、こうした日本雑貨を扱う外人商社のうち、卸売商社は「ホームズ」社、「マークス・ラヨン」社を始め数十社あり、また多数の小売店のうち最大のものがリバティー社であった。そしてこれら外人商社はますます繁盛する勢いである。一方、日本商社もこれまで日本の美術品や雑貨類を輸入して販売を試みたものは少なくないが、「今日迄引続キ盛ンニ営業スルモノアルヲ見ズ」という状態であった。

外人商社が繁栄し十数年も引き続いて手広く営業することに成功しているのに、日本の商品を販売する日本人がどうして失敗を重ねているのか。園田としては歯がゆくて仕方がない。

園田によれば、外人商社の成功は、大資本を擁して営業の基盤が固いことのほか、日本に支店または代理人を置いてロンドンで流行すると思われる品を注文し、みずから世俗の流行をつくり出す手段を持っていることである。外人商社のなかには日本において職人を抱え、漆器など英国人の嗜好に適する品物を作らせ販売して儲けているものがある。

これに対し、日本の商人はロンドンに永住を期して商社をつくることなく、一時的に日本から雑貨品を持ち込んで売り捌くだけのものが多い。これでは顧客の信用をえることはできない。たまたま利益をあげても、それでもって日本商品の需要を拡張することはできない。しかもイギリスで商業を営む以上は、英語はもちろんのこと、イギリスの商取引の慣習に通じていなければならないのに、通訳任せで取り引きしているものが多い。そして銀行の荷為替融資で輸入しているから、その期限が近づくと、捨値で売り捌こうとする。そのためにわが美術品の声価を落とす悪い結果を招いている。しかも流行をみる目がないから、売れると思って日本から送品したときには、既にそれが流行遅れになっていて市価が低落していることが多い。だから「善ク当時ノ実況ヲ観察シ外人ニ先《サキ》チ《ダ》流行ノ品仕入ニ盡力スルヲ要ス」と園田は忠告している。

ロンドンの日本商社　ところで明治初期にロンドンへ進出していた日本商人・商社の状況はどうであったか。現在判明しているのは、園田領事による明治十六年末のそれがもっとも古い。それによると、当時ロンドンで営業していた日本商社は、三井物産支店二名、貿易商会支店一名、丸越組支店一名、大倉組支店一名、高田組支店一名であった。このうち三井物産はもっぱらコメの取引に、貿易商会は生糸の取引に従事していたが、事務所を市内に開設していただけで店舗を設けて営業していたわけではない。また大倉組、高田組も日本への輸入業務に従事していて、日本商品の販売に当ってはいなかった。因みに大倉組は、機械類、銅・鉄・真鍮、毛織物、羊毛、書籍、ガラスなどの輸入。高田組は最大の輸入業者で、輸入の大部分は兵器、その他機械器具、鉄板、鋼鉄、毛織物、綿布などから成っていた。これに対しロンドンで店を構え、日本雑貨の卸小売に当っていたのは、僅かに一店舗丸越組だけであった。

丸越組の輸入雑貨取扱高は明治十六年で約一万五〇〇〇ポンド、金額にすれば大したことはないが、その雑貨の主なものは銅器、陶器、漆器、象牙細工、木彫物、紙地屏風、壁紙、骨董品などであった。

このうち最近もっとも人気が集まっていたのは壁紙である。ビクトリア中産階級の小物インテリア・ブームのなかで、日本趣味は壁紙にまで拡がりつつあった。それまでは最上の壁紙といえばフランス製と決っていたが、和紙の壁紙が盛んに愛好されるようになった。というのは、和紙の質がフランスのそれと比べてはるかに優れていて耐久性が強いことのほか、模様が美しく、日本風インテリア・デザインの流行にのって、好事家の間でもてはやされるようになったからである。ただ問題は、フランス製と比べて値段が三倍から五倍と高価なことで、上流階級かよほどの金持ちでないと買えない状態である。だから将来壁紙輸出が有望であるにしても、「現今ノ紙質ヲ維持シ原価ヲ余程引下ルニ非ザレバ、需要ノ増加ヲ来サザルベシ」と。

三人の日本商人　その後二、三年の間にどのような変化が起ったか。果たして日本商人のロンドン進出は成功であったかどうか。

明治十七年中に進出してきた日本商人が三名あった。そのうちの二人は同年ロンドンで開催された万国衛生博覧会へ出品のため渡来した海老屋と鈴木屋がそれである。海老屋は漆器・銅器などの美術品を携えて出品し好評をえたし、鈴木屋は陶器並びに雑貨類を出品し、いずれも金牌をえたほどの好評を博した。二人は出品物を販売して帰国した。海老屋に随行してアメリカから来英した松澤最は、博覧会終了後、独立して雑貨店「東京」ハウスを開業した。これがロンドンでの日本人小売業の最初である。

その後、丸越組、「東京」ハウスはどうなったか。明治十九年三月五日付園田の「領事報告」によれば、丸越組は前年の九月頃から殆ど閉店状態にあり、また「東京」ハウスも日本の輸入雑貨の販売から手を引き、イギリス商人から日本雑貨を仕入れて細々と営業している有様である。それでは日本雑貨の流行は終ったかといえば、むしろ逆に子供のおもちゃまで「ジャパン何々」とはやして売っているように、日本の美術品ではなく粗製乱造の陶器、漆器、団扇その他が日本品の代名詞になって庶民の間に普及していたのである。

こうして高級な美術工芸品から始まった日本ブームの行きついた先が、芸術作品としての美ではなく、粗悪な偽物の異国趣味であったことは、日本にとって誠に残念なことであった。こうした傾向はやがて消えてゆくどころか、のちになるほど「安かろう悪かろう」の日本製品のイメージをつくってゆく。日本商品がそうした道を辿ることをもっとも怖れたのは、他ならぬ園田領事であった。そうした好ましくない結果をさけるためには、イギリスの事情に通じたものが資本を募り、日本から優れた雑貨製造業者を当地に渡航させ、適当な市街に工場をつくって英国人に製造の現場を見せるとともに、流行の品物を製造して販売したらどうか、というのである。

衝撃的な「日本人村」の雑貨実演即売市　園田がそうした意見を敢てのべた事情の背景にあったのは、明治十八年の始めロンドン市内に突然出現した「日本人村」の衝撃的事件であった。

一八八五年（明治十八年）一月十日、ロンドンはハイドパークの南の一角、アルバート・ゲイトの向かい側、約一〇〇〇平方メートルの敷地に、「日本人村（ジャパニーズ・ビレッジ）」とよばれる奇妙な日本風俗博覧会がオープンした。ハンフレー・ホールという建物のなかに、仮設の日本の店舗、家屋、茶店、寺院などをこしらえ、日本からつれてきた男女、子供を含め一〇〇人ばかりのものに、和服を着せ、器用な手つきで陶器、七宝、象牙細工、提灯、扇、傘などをつくる実演を見せるとともにに、それらの製品を即売しようというのが、「日本人村」の趣旨であった。当時流行していた日本趣味にあやかって、日本雑貨の実演即売会を企画したのが当った。こんにちの百貨店が催物会場でやっている日本各地の郷土銘産展での小規模な実演即売会とは違って、日本から一〇〇人もの大勢の職人とともに、一切の材料や道具もはるばる日本から運び込むというおおげさな催しであった。実演即売の店が二十数軒並んでいたほか、茶店では着物を着た若い娘のサービスがあり、さらに場内の一角に設けた客席三〇〇ばかりの劇場では、剣劇や相撲、軽業、歌舞伎や日本舞踊などの芸がいれかわり立ちかわり舞台で演じられていた。

エキゾチック・ジャパンへの物珍しさ、好奇心も手伝って、入場者数は予想をはるかに上廻る大入りで、一月十日から隣家の火災で類焼、閉会に追い込まれた五月二日までの一一二日間、観客数は二五万人に達したという。去る一九八一―八二年、ロンドンで開催された「江戸大美術展」が一一三日間の観客数五二万、それと比較すると百年前の「日本人村」の人気がいかに高かったかが分る。「日本人村」を報じた二月二十一日付の『絵入りロンドンニュース』も、「『袖の中で笑う』という表現が当てはまる茶屋娘のしぐさ、傘の張り方、七宝焼の絵つけなども面白いが、観客がもっとも興味を示したのは、手紙を書く様子と剣劇である。とはいえ、見飽きぬものは日本人の姿態で、店舗で働く職人たちにひきつけられる興味は大きい」と伝えていた。

狭い会場へ毎日四、五千人の観客がわっと押し寄せたから、一時は特売場のような混雑もあっただろう。そのなかでの人気商品としては、イギリスでは珍しい竹細工が大受けで、一節物《ひとふしもの》に花や鳥を彫ったもの三シリング（七五銭）ぐらい、その他扇、瀬戸物、七宝焼、版画なども、日本の値段の数倍ないし数十倍の値段で売られていた。日本人の目からみると、顰蹙《ひんしゅく》を買う恥しい催しではあったが、英国人には結構好評であったところをみると、「日本人村」は表面的には成功であったといってよい。

成功の陰に　ところでこの日本風俗博覧会の企画興業主は誰であったかというと、日本人ではなくて、実はタンナケル・ブヒクロサン（Tannaker Buhicrosan）というオランダ人であった。博覧会というのは、その出品物によって国威を海外に発揚するとともに、各国の文明を摂取して日本の学芸進歩に役立て、国産品の輸出増加に資する場である。明治政府は海外の博覧会への参加の意義をこのようにしか考えていなかった。ところがタンナケルの企画は、日本政府の博覧会の定義をはみ出すものであったから、政府はその取り扱いに苦慮したことは確かである。日本を代表する優美な美術工芸品の展示なら問題はないが、世界一ゆたかなロンドンのまん真中で、貧しい日本人の生活風俗を見世物にして大衆の目にさらすことは、国の恥を世界にさらすことではないのか。しかもタイミングもよくなかった。というのは、とき恰《あた》かも国内では、条約改正を円滑に進めるため、外務卿・井上馨をはじめ政府首脳は、外国使臣を鹿鳴館に招き、上流階級・高級官僚らとのあいだで園遊会・舞踏会を開いて欧化賛美をもりたてていたからである。

国内でのこうした心配を気にしてか、園田は外務大輔・吉田清成に対し、「目下見ル処ニテハ、職工、婦女子等ノ衣服ハ、通常我市街ニテ見ル処ノモノヨリ一層美麗ニシテ、醜体ト認ムベキ廉無之様被存候」（明治十八年一月十六日付）と書き送っていた。さらに追っかけて二月六日には、日本人村はますます繁盛して、毎日四、五千人の入場者があること、そして世間では日本人村の日本人はふつう一般の庶民で、その技術や製品は日本の現状を示すものではない、と了解されていること、さらに渡航者一同は醜態を示したり、国体を汚すような行為をしていない、ということを改めて確認する報告を送っていた。

しかし園田の報告にもかかわらず、一〇〇人近い日本人の集団が言葉も通じない異国の地で生活するなかで、人びとの心もすさみ、飲酒、賭博、喧嘩、私通などが日常茶飯事となり、ときには刃傷沙汰も起っていた。三か月後にタンナケルは、そうした連中の何人かを解雇し日本へ送還しているが、もっと長期間興行が続けば、それこそ国辱的行為が表面化したかもしれない。しかし五月二日、隣接のアルコール製造工場から飛んできた火の粉のため、ハンフレー・ホールはわずか三〇分の間に全焼してしまった。突然の火災は不幸ではあったが、日本風俗博覧会の人気が続いていたなかで、惜しまれながら閉幕したことはむしろ幸いであったというべきかもしれない（なお、日本人村については倉田善弘著『一八八五年ロンドン日本人村』朝日新聞社、昭和五十八年が詳しい）。

園田領事の忠言　園田領事は明治二十一年十二月、帰朝を命ぜられた。明治十四年十二月にロンドン領事に任命せられて以来、七年の長い期間ロンドンにいたことになる。この間日本人が入れかわり立ちかわり日本の物産を携えて商売にやってきた。ロンドンに支店を設けて営業を試みたものも少なくないが、たいていみんな失敗していた。例えば丸越組とか「東京」ハウスが一時期栄えたことはあるが、明治二十一年には倒産して店を閉じてしまっていた。園田にとっては、折角イギリスで根を下ろしかけたと思ったら、二、三年ももたずに消えてゆくのが、残念で仕方がない。どうしてみんな失敗し消えてゆくのか。彼はいままで来英した日本商人の商売の方法を見てきた経験をふまえ、今後渡来するものが二度と同じ過ちをくり返さないよう、忠言をのこしておきたいと思った。

それが帰朝前の明治二十一年九月二十二日及び九月二十九日付で送った「英国ニ到リ商業ヲ営ム者ニ対スル注意」と題する長文の報告である。外務省発行の『通商報告』には八七・九〇・九三・九六号の、四回に分けて掲載された。園田の「今左ニ本邦商人失敗ノ原因ヲ述べ、英国ニ来リ販売ヲ試ミントスル我商業者ノ参考ニ供ス」から始まる忠言は、領事報告のなかでも、本邦商人に奮起を促す愛国の情に充ちた力作中の力作である。

園田はおよそ七項目の柱をたて、諄々と商売の国際化に必要な注意を説く。

日本商人は商業学を知らない　日本の商人は江戸時代から士農工商といって、四民中もっとも低い地位を占め、無学無知で、ただ平身低頭さえすればよいと心得てきた。維新後、社会組織が改まり民権が拡張した現在においても、商人はいぜんとしてむかしの無学に安んじ、商業学の必要を感ずるものが少ない。だから外国貿易が開けるに従い、外国に利益を奪われ、たまたま志あるものが奮起して海外と直接取引しようと企て、英国へ渡航してきても、元来商業学を知らないし、英語や英文ができないために、学問と経験を兼ね備えた英人と同じ営業をすることはとても無理である。

英人は「業務活発にして確実を旨とし、約を違えず、期に後れず、其進退恰も器械的運動を為すが如し。我商人の萬事に遅緩にして期日の延滞を恥とせず、督責を受くるを意に介せざるが如き、見識なく廉恥なき商民と同日の比にあらず。是れ英人広く世人の信用を得、商業の繁昌を致す所以なり、貿易は猶ほ戦争の如し。敵の智愚強弱を察せず、味方の軍備充分ならずして戦端を開くは、自ら死地に陥るものにして日本商人の失敗を取りたる毫も怪《あやし》むに足らず」(『通商報告』の原文は現在の私たちには読みづらいので、これを読みやすい文語文に編集した萩野仲三郎編『園田孝吉伝』秀英社、大正十五年から引用した)。

ここで園田がとり上げている日本商人というのは、丸越組とか海老屋、鈴木屋、「東京」ハウスといった、主として民間の小規模な商人であって、三井物産や大倉組といった政商ではなかった。というのは、政商のやり方にも問題がないわけではなかった。というのは、政商のなかには高田組のように外国人を雇い入れ、彼らに業務を任しているものもあるが、こうしたやり方には問題があるからである。もちろん創業時のことだから、外人を使わねばならない事情や営業上大いに便宜をきたすことは分るが、なるべく早く日本から適当な支店長を派遣して業務を管理させ、外人には簿記などの事務に当らせるよう希望する。とくに英国は商業上もっともむずかしいところであるから、一年や二年滞在しても、とても商取引の機構を熟知することは無理であろう。そのためには少なくとも数年の経験が必要である。だからわが商人が今後とも輸入業務に従事し繁栄を計らんとすれば、二、三年滞在して少し商取引の経験を積み、実情が分りかけたものを帰国させ、それと交替に新任の未経験者を送り込むのは、決して得策ではない。必ず数年または十数年間滞在して差し支えないものを送るべきである、としていた（明治十七年二月五日付、園田領事報告）。

日本商人は商業上の経験に乏しい　商人に学問が必要であることを説いた上で、園田はつぎに、その学問も抽象的理論に終ったのではそれまでである。現場において実地の経験を重ねることが必要である。そうでなければ学問も実際に役立たない、ということを強調する。

例えば英国と日本では商業界の風俗習慣が大いに異なっていることを知ることが必要である。すなわち英国では営業時間に定限があり、その時間中は無駄話をせず、たばこを禁止している。商用で訪れるものであっても、たがいに要点だけを話し合って時間の節約を心掛けている。そしてその日の仕事はその日に処理して明日にのばすことがない。いわゆる「時は金なり」の格言を文字どおり実行しているのである。

これに対し、日本の風習はというと、商用で商家を訪れると、「先ず双方低頭すること数回、火鉢を出して茶菓之に伴い、互に吸烟を始め、時候の挨拶から四方山の談に渉り、漸く用向の段に至るも、其談話極めて迂曲にして、要点に達する迄は大いに時刻を遷すこと其常なり。悠々緩々隠者の如く、光陰の経過を知らざる者に似たり。又業務上には規律なく時間には定限なく、働くが如く戯るるが如し。」

　これではとても英人との競争は望めない。

　何はともあれこの「隠者流の弊風」をなくし、活発な気風を養成することが大切である、という。ところが、園田が偉かったと思うのは、ただ英国商業を見習えと主張したのではなく、その英国の商業が近年ドイツなど大陸の競争をうけ、伸び悩んでいたことを踏まえた上で、日本の商業振興策を提言していたことである。すなわち国際商業は日に日に競争が激しくなっているが、この競争に勝利を占めようと思えば、商品の品質を高め、これを安く販売する以外にない。しかしこれは至難の問題で、英国商工業者も大いに苦慮しているところであるが、それも智力と経験を兼ね備えたものでなければ不可能である。こうして園田は、わが国現在の急務は、商業学校を盛んにし、その卒業生を海外に派遣して実地の研究に従事させ、大いに商業界の人材を養成することにある、と主張するのである。この提言は、英国の商業不振が大陸と比較して商業教育の遅れにあることを感知した園田の現場からの発想として高く評価されてよい。園田はのち、日清戦争後日本の農商工政策の方向を決定した農商工高等会議の議員として活躍するが、日本の商業教育のあり方が英国よりもある意味では優れていたことの一半の理由は、園田の商業教育への慧眼によるものといってよい。

日本商人は見本品の性質を誤解している　園田はつづけて「日本商人は信用の貴きを知らず」、「日本商人は忍耐力に乏し」、「日本商人は見本品の性質を誤解す」、「日本商人は資本金に乏し」、「日本商人は分業法を知らず」と、懇切丁寧に英国における商業のイロハを長々と説く。いまその詳細をのべることはさし控えるが、ここでは日本の領事がたんに現地における通商経済情報の収集・報告に当っていたばかりか、日本から送られてくる商品見本を携え、事実上注文を取って廻るなど、商社の代理人に相当するような仕事をしていた、という驚くべき事実を指摘しておきたい。

「従来我商品の見本なりとて官庁を経由し、領事館へ送付して評説を求むるもの其数僅少にあらず。領事館は恰も八百屋の出張店に似たり。限りある館員を以て限りなき質疑に応ぜんとす、而も館員は実業者にあらず、この依頼に応じて其職を全うするは実に至難の業なりと言うべし」。

直輸出奨励にのり出した政府も、海外市場の情報を把握しておかない限り、かけ声だけに終ってしまう。だから国内各地から商品見本を集め、それらを海外の領事館へ送って品評を求めることにした。つまり個々の商品についての海外市場調査を領事館員に負担させたのである。領事館といっても、ロンドンでさえ当時は領事ほか書記生一名、外人の雇員一名といった小規模な機構で、しかも本来の領事館の仕事以外に、商品の専門家でない館員が見本をもって各商社を尋ね、意見をきいて廻らねばならなかったから、その苦労のほどは並大抵ではなかった。たとえ意見をきいて廻っても、悪評あれば好評もある。といって、ほんとうにどちらの意見が正しいのか、素人の領事館員には的確な判断ができない。また、好評との結論が出ても、実際需要に適する商品かどうかは別問題であるし、また逆に悪評をえた商品でも、案外売れるかもしれない。そんなことまで領事館は責任を負うわけにはいかない。まして好評であるとの領事報告を信用して、製造業者が大量に製造した商品が、報告に反して需要がなかった場合、いったいどうなるのか。また悪評であると報告したために、案外販路を開けるかもしれない商品の製造を中止するような場合があるかもしれない。そうした事情を考えると、どうしても領事館の責任が重くなり、従って館員としては確固たる報告を送りにくくなる。

商品見本に対する領事報告　このように園田は、現地において市場調査に当る領事の苦しい立場を表明していたが、それは恐らく世界各地で市場調査に当っていたすべての領事の気持ちであっただろう。それにもかかわらず、政府に忠実な領事は、できる限り努力をつくして調査結果を送ってきた。政府が正式に国内業者、地方自治体等をつうじて商品見本を集め、組織的に海外市場調査をしたのは明治十八年から同二十二年の間である。

いま政府がロンドンへ送った商品見本をリスト・アップすれば、次頁のようになっている。

こうして送付された商品見本に対し、領事はどのような回答を寄せたか。そのすべてについてのべることはできないので、ここでは参考までに明治二十年に送られた「絹製手巾各種」についての回答を掲げておくと、つぎのようになっている。

絹手巾

一、手巾ハ多ク染色洗濯ニ堪エズ　忽チ変色スルノ患アルヲ以テ需要少シト云フ　寧《ムシ》ロ純白ノモ

明治十八年				
精製鯨油	四ガロン入り五缶	一三円〇〇〇		水産局
晒白鰮魚臘	二〇ポンド入り一缶	二円六〇〇		水産局
明治十九年				
磁器鉢皿	一〇九点	二一円七二〇	有田	商務局
絹織見本帖	三冊		桐生　足利	同
麦稈組紐見本	二箱		大森	同
紙見本帖	一冊	五円二〇〇	東京	同
毯子見本帖	一冊		堺	同
レース見本帖	一箱		東京	同
金剛草真田組紐見本	一組		熊本	同
明治二十年				
輪島漆器　組入盆	四五点	五五円五〇一	輪島	商務局
絹製手巾　各種	二三打	八四円六〇〇	下野	同
西陣織物見本帖	一冊	四九円三五六	京都	同
甲斐絹見本帖	一冊		山梨	同
黒鉛	九個	四四〇	岐阜　富山	同
花呉坐見本各種	七枚		備後	広島県
明治二十一年				
煙草	三五〇斤	五三円五一三	岩手県外二県	商務局
魚臘	五四一ポンド		水産局	同

ノヲ輸入スル方可ナラン

一、見本ノミヲ以テ注文ヲ為スモノ稀レナリ。故ニ時々新模様ノ品ヲ輸送シテ之ヲ倫敦《ロンドン》ニ備ヘ置キ市場ノ需要ニ応ジ売出スヲ得策トス

一、倫敦ニ於テ卸及小売店ヲ開キ手巾縮緬類、衣服地其他一切ノ絹織物ヲ売捌カバ或ハ多少ノ利益アルベシ

一、品位ニ注意シ、代価ヲ廉ニシテ、支那印度製絹物ヲ圧倒スルヲ勉ムベシ。目下市場ニアル支那、日本両国製ノ手巾ヲ比較セバ、日本製ハ頗《スコブ》ル光澤アリテ要求者ノ注意ヲ促スモ、洗濯ニ堪エザルノ憂アリト云フ。之ニ反シテ清国製ハ甚ダ麁製ノ観ヲ呈スルモ、洗濯ニ堪ユルノ利益アルヲ以テ市場遙ニ高シ

一、日本製造品ニ対シ市場一般ノ苦情ハ前後品物同一ナラズ、適々《タマタマ》注文スルモノアルモ、見本同様ノ品ヲ得ル〓《コト》稀レナリ、是レ我製造品ノ信用ヲ欠ク一大原因トス

一、農商務省ヨリ送附ノ手巾ハ昨今ノ市価ニ照セバ、品位甲乙ニ従ヒ一様ナラズト雖ドモ、一ダースニ付凡《オヨソ》拾二三志《シリング》ヨリ拾七八志迄トス

右の報告において園田が指摘していたように、日本商品に対する苦情の多いのは、見本と仕送品とが同じ品でないという点である。日本は見本品には特別の注意を払って材料も最良のものを選び、念入りに製造するが、この見本によって大量の注文をしたとき、見本と同じ良い品を出さないのが日本

人の常例である。それは一般に手工業品についていえるが、コメの場合もそうである。
例えば肥後米をロンドンに売る場合、日本商人はこのときまず肥後米のなかでも最上のコメをロンドンに送るのがふつうである。そしてこの見本によって数千トンの売り渡し約定ができた場合、実際、到着したコメを見本と比較してみると、必ず品位に差異があるばかりか、始めの見本よりも更に劣等のコメであることが分り、いつも代金割引のクレームがついている。恐らく数万石のコメを一時に買い集めるとなると、品種や米質の不同を問わず、寄せ集めて間に合わせざるをえないのかもしれないが、例えどんな事情があるにせよ、見本と商品とが同じでないということは、嘆かわしいことである。まして見本を携え各商社の意見を聴取し、現地の注文をえた領事館としては、面目丸つぶれである。こんなことが今後も続くようでは、領事館としては代理人のような仕事から手を退かざるをえない。

園田領事の見本陳列所設置案　こうした状態を改善するために、園田は一つの私案を提起する。それはロンドンに見本陳列所を設立する案である。

すなわち貿易業者が連合してロンドンに代理店を置き、見本陳列所を設けてそこに全国各地から集めた見本を公開展示する。あるいは直接英国商人に見本を送ったり、新聞紙上で広告したりすればよい。見本に応じて注文するものがあれば、直ちにこれを引き受ける機関を設ける。そうすると実際取り引きしている間に販路の見込みも立ち、殊更、領事をつうじて評価を求めるといった無駄な労力も省くことができるであろう。

見本陳列所設置の費用は少なくないが、政府は商業を奨励するために、多少の保護奨励金を支出すべきである。これは決して不当な支出ではないと信じる、というのが園田の見本陳列所設置案のあらましである。因みに、園田の構想は、日清戦争後の農商工高等会議をつうじて打ち出された貿易振興政策のなかで、農商務省による海外商品陳列所の設置として実現することになる。しかし陳列所が開設されたところは、ウラジオストック、オデッサ、ボンベイ、シンガポール、沙市、メキシコ、厦門、牛荘、宜昌、上海、バンコクで、ロンドンなど欧州は含まれていなかった。というのは、日本品の主要な市場が一〇年間のあいだに欧州からアジア市場へ大きく変化したからである。

二　イギリスへ輸出された日本米

日本、コメ輸出にのり出す　日本の日用雑貨品ブームが去り、日本商人の進出も挫折したあと、ロンドン市場を賑わしたのが日本米の輸入である。日本米の輸入は明治十年代をつうじ漸増の傾向にあった。しかし、明治二十年代になると、急速に輸入が増加した。日用雑貨が日本の特産品で、絹織物など一部の商品を除き、外国との競争が比較的少なかったのに対し、コメはインド、ビルマ、東南アジア、ハワイなどの産米と激しい国際競争にさらされていた世界商品であった。それだけにコメの情報収集にはグローバルな視点が必要であった。と同時に、世界のコメ取引の中心であったロンドンには世界のコメの情報が集まっていた。ロンドン駐在領事の報告が二十年はじめからコメに集中しているのは、そうした事情によるのである。

戦前の日本はコメの輸入国で、台湾や朝鮮などから大量に輸入していた。しかし、明治始めから中頃にかけ、日本が世界有数のコメの輸出国であったといえば、日本にそんな時代があったのかとみんな驚く。明治二十年代中頃までは、日本の代表的輸出品であったのは生糸と茶、それにつぐのが水産物とコメであった。そのコメが、年によってしばしば輸出額で茶に代って第二位を占めていたのである。それほどコメは重要な輸出品であった。

コメは日本人にとって生命の綱である。日本はむかしからコメは自給自足、原則として輸入もなければ輸出もしない政策を堅持してきた。国内におけるコメの供給は、米作の豊凶によって左右され、従って豊年のときは供給過剰となり米価暴落し、凶作のときは需要を充たせず、ときには飢餓による餓死者が大量に発生したこともある。しかし明治政府になって従来のコメを鎖国状態から開放し、まず明治初年から四年の凶作、米価騰貴に際し、外国商人に「南京米」（実はインド、ジャバ米）の輸入を許可した。これが外国米輸入の始めである。明治元年から四年の間に輸入した外米は合計三二〇万石余の大量にのぼった。

ところがその後一転して豊作となり、米価が大幅に下落、しかも地租が米納であったから、政府の財政収入に大きく響いた。そこで政府は明治五年、手持米の輸出に踏みきり、約六万九〇〇〇石を外商に売った。これがコメの輸出の始まりである。このときの販売先は中国、サンフランシスコ、シドニー、ロンドンなどである。とくに評判がよかったのは、シドニーとロンドンである。その後明治九年五〇万石のコメを三井組をつうじて販売、三井組はイギリスのワトソン商社へ転売してロンドンへ輸出した。これを契機に、その後日本米は輸出品として定着することになるが、気象条件に生産が左右されがちな商品であるから、年により輸出量は大きく変動した。

明治十七年七月十八日付ロンドン駐在園田領事からの報告「明治十六年英国貿易報告」によれば、日本米の欧州への輸出量は明治十一年が二万七一一六トン、十二年が四二一三トン、十三年ゼロ、十四年が二二〇〇トン、十五年が三万三四二八トン、十六年が一万四六五〇トンというふうに高低がはげしい（一トンは約六・八石に当る）。ロンドンへの輸出に当っていたのは主に三井物産で、外商ではワトソン商会。日本米の種類は肥前、肥後、筑前、豊前及び長門の五種であるが、もっぱら肥前・肥後の両種が多かった。しかも日本米のロンドン市場での相場は、インドのベンガル精白上米が最高で、それについで日本米、ベンガル中等米といった順序で、日本のコメは欧州では好評をもって迎えられていた、と伝えていた。

ところで、欧州で好評をえた日本米は、明治二十一年以降、飛躍的な輸出増加期を迎える。明治二十年までは欧州への輸出高はせいぜい二、三十万石にすぎなかったのに、明治二十一年には約九七万九〇〇〇石、二十二年には実に約一一一万石へと急増。世界全体の輸出高で日本米の占める割合も、平均三パーセントから一挙に一六パーセント強へ躍進したのである。因みに二十二年には日本の輸出品のなかでは茶を抜いて生糸につぐ重要貿易品となった。

コメは欧州のイタリア、スペインでも作られるが、世界市場へ供給されたコメは、アジアのコメが殆どで、市場を独占していた。しかし、そのアジアのコメを取引し、輸送したのは、欧州人である。彼らがコメ取引の主導権を握ったのは、取引市場が主に欧州にあったからである。

元来コメを常食としない欧州で、どうしてコメを大量に需要するようになったのか。歴史を振り返ってみると、欧州でコメの需要が増加しはじめるのは、アジアが世界資本主義に組み込まれた一九世紀中頃以降である。それまでアジアの特産物といえば生糸と茶であったのに、その上にコメが一枚加わったのである。欧州の内部では小麦が早くから国際的に流通していたのに対し、アジア人が常食としたコメは、貢租米として支配者の管理の下におかれ、中国や日本では国内におけるコメの移動はかなり活発であったけれども、アジア内での大規模なコメの流通は、古代から一九世紀にいたるまであまり見られなかった。ただ東南アジア地域では、コメは恒常的な貿易品ではなかったにしても、飢饉や不作のときに一時短期間に限って流通していた。すなわち、アジアのなかで需要を上廻る生産があったのはシャムだけで、そのシャムの余剰米が中国や近隣の東南アジア地域へ輸出されていた。アジアでのコメの流通はせいぜいその程度であった。アジアのコメの生産量も、コメを封建地代として強力な管理体制下においていた日本の場合を除き、数量的根拠になるような資料に乏しい。まして流通量にいたっては把握のしようがない。しかし恐らく余剰米が一時流通した程度で、大した量ではなかったであろう。アジア内におけるコメ貿易の実態については、殆ど研究が行なわれていないので、いまのところこの程度のことしかいえない。

欧州で好評であった日本米　ところで一九世紀中頃から、従来は商品でなかったコメが突然世界商品に転化した。そのためにシャムはもとより、インド、ビルマ、安南（現在のベトナム・ラオス・カンボジア）、ジャバなどがいっせいに輸出米の生産とその拡大にのり出した。東南アジア諸国の輸出体制が整うまえに、比較的早く欧州市場へ進出したのが日本米であった。どうしてアジア米が大量に欧州で需要されるに至ったのか。その理由についてはのちほど詳しくのべることにして、とりあえず明治二十二、三年（一八八九、九〇年）頃の欧州における日本米の地位をみておくと、上表のようになっている。

欧州の米輸入高の各国別比率（%）

	明治22年	明治23年	輸出港
ビルマ	68.0	76.7	ラングーン、パスシーン ムールミーン、アキヤブ
日本	16.8	0.8	神戸、長崎
シャム	6.1	8.5	バンコク
インド	5.8	7.6	カルカッタ、マドラス
交趾支那	1.9	4.0	サイゴン
ハワイ	1.3	2.4	
	合計　100.0	100.0	

資料：リバプール領事館書記生・呉大五郎報告
「英国米穀商況」『官報』明治24年4月18日

日本米の欧州での輸入は、明治二十年までは僅かに年二、三十万石にすぎなかった。しかし、さきにのべたように二十一年以後急に増加し、同年には約九七万九〇〇〇石、二十二年には約一一一万石の多量にのぼった。同年に欧州で輸入されたコメは約六六〇万三四五石であったから、日本米の比率は一六・八パーセント。日本米はビルマ米（六八・〇パーセント）についで大きなシェアを占めていた。ところが翌二十三年には、日本内地米凶作のため、輸出どころではなく、逆に大量の外米を輸入せざるをえなくなった。こうした事情のため二十三年には日本米の欧州への輸出は殆ど見られなかった。しかし、これは一時的現象で、その後再び日本米が欧州市場へ進出することを誰も疑わなかった。同年四月のハンブルグ駐在帝国領事館からの報告も、「いまや日本米は欧州各国に伝播し、その相場もラングーン米（ビルマ米）と匹敵するとともに、しだいに重要な位置を占めるようになった。そして日本米の相場がある限度を越えない限り、相かわらず好評を博し、輸出も年々増加すること請けあいである」と報じていた。

輸出先と用途　それでは日本米は欧州のどこへ輸出され、何に用いられていたのか。まず英国。明治二十年頃までは欧州諸国のなかで、最大のコメ需要国はたしかに英国であった。ところがその後、最大の輸入国はドイツへ移った。明治二十二年で全欧州への輸入高のうちドイツ三三・五パーセント、英国三〇・〇パーセント、明治二十三年でドイツ三五パーセント、英国二七・七パーセントであった。

どうしてコメ貿易の中心が英国からドイツへ移ったのか。それは従来から英国が世界の海運業の中心で、いったん英国に集められ、それから欧州大陸へ輸送されるというかたちをとっていたのであるが、その頃ドイツの海運業が急速に発達し、大陸の需要米は英国を通さずに直接輸送されるようになったからである。しかも、もう一つ重要な点は、大陸諸国は精米の輸入に重税を課し、自国の精米業を保護する政策を打ち出したことである。そのために英国の精米業はその販路を失い、英国へのコメの輸出が減少したのである。ここにもドイツをはじめ大陸の保護主義によって貿易が減退しつつあった英国の状況を伺うことができる。第二位の地位に下ったとはいえ、それでも年間二〇〇万石に近いコメが英国に輸出されていた。それならこの大量のコメは何に用いられたのか。

黒人労働者の食料に　英国国内におけるコメの消費は、大陸諸国に比べるとかなり少なかった。しかし輸入量が多かったのは再輸出のためである。実は輸入米の約半分が再輸出されたのである。積み出港はロンドンとリバプールの二港で、再輸出先は主として西インド諸島。再輸出のおよそ六〇パーセントが西インド方向へ積み出された。

一八世紀以来、奴隷貿易、砂糖、タバコ、綿花取引で西インドと深い関係を保ってきたのはリバプールである。だからリバプールは西インドの総需要の八五パーセント以上を供給した。

西インド諸島のなかでも、スペイン領キューバが最大の需要地で、それについでスペイン領プエルト・リコ。これらの地域への積み出港がリバプールであったのに対し、ロンドンが供給したのは、同じく西インド諸島といっても、英領ジャマイカ、バルバドス、トリニダド、仏領マルチニック、同ガーダロープといった島々であった。

それではいったい、これら西インド諸島ではコメを何に使用したのか。どうして急にコメを大量に需要するようになったのか。

そもそもカリブ海に浮かぶ西インド諸島は、イギリス本国とアフリカ西岸を結ぶ三角貿易の拠点として、イギリスにとっては非人道的収奪という汚名を着せられながらも、奴隷貿易による莫大な利潤の源泉をなしていた。すなわち一八世紀にはアフリカ西岸から供給される奴隷を労働力として、西インド諸島では砂糖・タバコ・綿花などのプランテーション経営が行なわれていた。アフリカから無理やりに熱帯の大西洋を越えてつれてこられる大量の奴隷。奴隷船のなかで手枷《かせ》、足枷のまま、ぎゅうぎゅうに詰めこまれて運びこまれた奴隷たちは、西インドのプランターに安い値で売りとばされた。西インド諸島における熱帯下のジャングルを開拓するためには、酷熱下の苛酷な労働に耐えうる黒人労働力を必要としたからである。だから奴隷貿易、奴隷制プランテーションによって特色づけられる特異な大規模資本主義的農業経営が、一七、八世紀以来この地方の伝統的経済構造を形成してきた。

ところが奴隷労働者にどんな食事を与えるかが、プランターにとっては労働コスト節約の最大の関心であった。彼らは奴隷を牛馬のごとく扱っていたにしても、まさか家畜に与える飼料を与えるわけにはいかない。だから、できる限り費用のかからない食料を発見し調達することに努めたことはいうまでもない。最初はヤムイモと塩漬けの魚を与えた。しかしアメリカ独立以後は魚が入ってこなくなった。そこで一八世紀末には南太平洋諸島に生育するパンの木を導入した。パンの木の実はこれを粉にして焼いて食べた。しかし奴隷は好まなかった。こうして一九世紀中頃になって登場したのが、安いアジア産のコメである。

アメリカ大陸では、すでに一八世紀始めから南カロライナ州で稲作が始まっていたから、コメは知られていないわけではなかった。しかし一九世紀中頃以降とくに一八六〇、七〇年代から英領植民地ビルマにおける米作の発展、欧州への輸出とともに、西インドのプランターの間では安いアジアのコメに関心が集まった。白人の間ではコメは主食ではなく野菜として扱われてきた。これを黒人労働者に主食として与えることで、食費を節約できないかというわけである。パンであればスープや肉類の主菜が必要である。しかしコメであれば貧しいアジア人と同じ程度の魚や野菜の副食でこと足りるであろうという発想である。

とくにアジアのコメのなかでも、品質のよい上等米ではなく、ふつうのラングーン米が値ごろからいっても、食べ心地からいってもいちばん適していた。もっとも大量にコメを需要したのはスペイン領キューバ、ついでプエルト・リコであるが、そこでは既にスペイン産のコメが一部使用されていたのが、急速に安いビルマ米に切り換えられていった。こうした大量のアジア米輸入に対し、スペイン政府は一八九〇年関税の引き上げによって、輸入の阻止、国内米作の保護にのり出したため、スペイン領への輸入は頭打ちになるが、その他のカリブ海諸島におけるコメ需要はむしろ増大の傾向を辿っていた。しかしわが日本米に関しては、欧州市場では高品質で上等米として取り扱われ、価格も高かったため、西インド諸島へは殆ど再輸出されなかったと思われる。

工業用の糊になる　いま一つ注目すべきは、国内で消費された輸入米の大部分が、工業用の糊として使われたことである。コメが糊になったといえば、いまの若い人たちには首をかしげるものもいるが、戦前の家庭では古くなった飯米はこれを煮いて糊にし、着物の洗張りや障子の張り替えなどにこの糊を使用したものである。コメには麦などと比べると、でんぷんが多く含まれているために、糊にはもってこいであった。

イギリスでは産業革命をリードした綿業が大量の糊を必要とした。すなわち綿糸の糊づけ、とくに織布工程において縦糸をピンと張るのに必要であったし、綿布の仕上げ工程にも必要であった。従来は小麦、じゃがいも、とうもろこしなどからでんぷん糊をとっていたが、その効率性を買われて輸入米からとる糊にしだいに代ってゆく。輸入米のなかでも、中等以下のビルマ米が糊に適していた。外見が白灰のようなアラカン米とか、赤味をおびたマドラス米（インド）のようなコメが主な糊用の輸入米であった。

ライス・プディングなどの食用として　コメが英国の国内で食用として使用されたことは当然のことであるが、コメを主食とするアジア人とは違って、食用としてのコメの消費はごく少なく、糊用米と比べても、その量は知れていた。

それでは食用といっても、具体的に何に使われていたかというと、ビールの醸造に用いられたほかは、ライスカレーとライス・プディングが主要なものであった。ライスカレーは説明するまでもないが、ライス・プディングはミルクで煮いたおかゆと思えばよい。一八八〇年代の英国でどの程度ライスカレーやライス・プディングが一般家庭の食卓にのぼっていたのか。ビートン夫人の編纂になる『家政読本』(Book of Household Management) は当時のベストセラーとして評判の高かった家庭料理書である。そこにはライスカレー、ライス・プディングのほかライススープ、ライスパン、ライス・ブラマンジュ、ライス・コロッケなど何種類かのライスを使った料理献立があがっていて、比較的広くふつうの家庭にコメが入っていたことが分る。

こうした用途のコメは、多くは透明白色の上等米が好まれ、パトナ米（インド）、ハワイ米と並んで日本米の評価が高かった。円味を帯びた日本の白米は、ライス・プディングにすれば、ミルクがかもし出すつやで円い粒が美しく輝いていた。食用米には上等米のほか中等米もあったが、それらは透明色のバスシーン米、白色透明でないラングーン米、あるいはムールミーン米で、いずれもビルマ米であった。日本米は上等米にだけランクされていた。しかも需要がますます増大しつつあった上等米の大部分は、日本米が占めていた状態であったから、日本米の前途はかなり有望である、というのが欧州における業界一般の意見であった。

有望視された日本米の輸出　これら評価の高い日本米は内地のどこの産かというと、だいたい中

日本の米の輸出、外米輸入（明治19—28年）

	輸　出	輸　入
	石	石
明治19年	555,153	
20	357,287	
21	1,391,621	4,870
22	1,376,394	20,694
23	161,508	1,838,637
24	839,412	671,202
25	511,000	329,274
26	667,186	559,631
27	598,554	1,321,851
28	755,290	674,140

資料：大日本農会『訂正増補　米ニ関スル調査』大正元年

国・九州地方、なかでも長門・周防・肥後・肥前・豊前が第一で、それについで備前・播磨・摂津・讃岐・安芸のコメが第二等に位置づけられていた。そのうち輸出総額の六〇パーセントを占めていたのが第一グループのコメで、その輸出港は神戸であった。輸出米はかつて玄米のまま輸出していたが、しだいに精白米にして輸出するようになった。それは外国市場の需要は精白米にあったからであり、なおかつ精白米にして出す方が少し輸送費が安かったからである。そのため兵庫には大蔵省米廩構内精米所、大阪には道頓堀幸町精米所など、精白米積み出港には精米所が設置された。

ともかくリバプール駐在領事官書記生・呉大五郎が明治二十四年二十一日付『官報』で報じていたように、「欧米各地において食用に供する上等米の需要は決して少なくない。しかも日本米は従来この需要を充たしてきたから、今後もいっそうこの実績を守る一方、下等米の供給は甘んじてこれをビルマなどにゆずることによって、日本米の地位を保つことが得策である。だから今後はいっそう輸出米の品質を精撰し、荷詰めに注意して声価を落さないよう」にすれば、日本米の前途はまだまだ有望であるとしていた。こうして日本はコメの輸出に大いに期待をかけ、アジア各国、ハワイなどの米作国の情報収集に努力を傾けていた。

世界米穀市場の変化　ところで、日本米輸出の期待にもかかわらず、明治二十四年から二十八年にかけて、日本国内および世界の米穀市場に大きな変化が現われてきた。

一つは、日本がコメの輸出に努力していた一方で、逆にコメの輸入が増大しつつあったことである。米穀輸入増加の原因は、主として不作によるにしても、工業化の進展に伴う都市人口の増加、コメ需要の増加が背景にあった。日本の産業構造および貿易構造が、しだいに一次産品輸出の低開発国型から脱却し、一次産品輸出を残しながらも工業製品輸出の発展途上国型へ移行しつつあったことは注目してよいであろう。

第二は、アジアのコメ産国シャムの台頭である。シャムは一八五五年のボウリング条約による開港後、新デルタの大開拓によって米作経済に特化した国である。シャムのコメ輸出は、一八五〇年頃は全米穀生産の約五パーセントにすぎなかったが、二〇世紀はじめには一挙に約五〇パーセントに飛躍した。

いま一つ、仏領インドシナの米作地メコンデルタおよびカンボジア平原が、一八七〇年代以降大規模に開発され、いわゆるサイゴン米が世界市場に登場したことである。

二〇世紀始めの時点で、シャム米およびサイゴン米の両者併せても日本のコメ生産量の八〇パーセント弱で、コメ生産量は日本の方がはるかに高かった。しかし、シャムも仏領インドシナもそのコメの五〇—四〇パーセントを輸出に向けたから、世界市場におけるシャム米、サイゴン米の地位は、量的には日本米を凌駕していた。

ところで、日本米とシャム米・サイゴン米とは世界市場で競争したかというと、実はシャム米・サイゴン米とも、その輸出先は主として香港であって、ロンドンなど欧州市場を主な市場としていた日本米とは直接競合することはなかった。こうしてロンドンを中継地とする欧州米市場と並んで、いま一つ香港を中心とするアジア米市場が形成、台頭してきたことは注目してよい。

ロンドンを中継地とする欧州市場の主な需要先は、カリブ海に浮かぶ西インド諸島、なかでもプランテーション農場で働く黒人労働者であったことは先にのべたところであるが、アジア米市場の主な需要先は、実は世界資本主義のアジア進出のなかで生まれてきた錫鉱山、ゴム・プランテーション、ティー・プランテーションなどの欧人企業、それに忘れてはならないのは日本の工業化のスタートに伴う日本国内の膨大な需要であり、いま一つは、慢性的な米不足に悩んでいた中国、とくに広東省における膨大な需要であった。つまりアジアの世界市場への包摂、世界資本主義のアジアへの進出の結果として、アジア内におけるコメの生産、流通が活発化し、香港とシンガポールを中継基地とするコメの流通システムが形成されたこと、この点は世界のコメ市場の形成、展開を考える場合とくに注目すべき点である。

日本米の敗北　つぎに世界市場の変化と日本米の動向に関し、指摘しておきたい第三の点は、ロンドン市場では、日本米の価格騰貴による需要の減少、さらにはビルマ米の輸入増加とその競争に圧され、日本米はしだいに後退していったことである。

ハンブルグ駐在名誉領事マルチン・ブルッハルドの明治二十五年一月二日付「日本米ニ関スル報告」(『官報』同四月二日所載)によれば、明治二十四年の中頃から日本米がめっきり売れなくなった。欧州では七、八月の天候不順のため、小麦、ライ麦の価格が大いに高騰した。だから精米業者はいつものようにコメも連動して騰貴すると予想して多量のビルマ米を買い付けた。ところが予想に反し在庫が多かったためにビルマ米の価格は騰貴しなかったばかりか、日本米については欧州市場では誰も注意するものなく、却って価格が下落してゆく有様であった。こうした状況では日本米はもはや欧州では需要がないというほかなく、取り引きされた日本米の大部分はやむをえず南米諸国へ再輸出されたことは確かである。しかも南米諸国では、例えばチリは内乱、アルゼンチンは財政困難、ブラジルは貿易不振にあり、また不作のときに限って欧州から日本米を輸入してきたから、豊作が続けば日本米の販路はない。仮に販路があったにしても、現在の日本米価格のようにラングーン米より高くてはとうてい売れる望みはない。「斯ノ如キ差格アラバ日本米ノ輸入ハ全ク其跡ヲ断ツニ至ラン」と、実に前途絶望的な報告を送ってきていたのである。翌二十六年はじめのロンドンにおいても、ビルマ、サイゴン地方の豊作を反映して米価はいっそう低落、そうしたなかで日本米の相場は立たない有様、たとえ立っても買う者がないという状態で（『官報』明治二十六年五月一日）、いよいよ日本米輸出も最終局面を迎えつつあった。

Ⅱ　日本は香港市場をどのようにして開拓したか

一　香港市場開拓の布石―日本銀貨を香港通貨とする計画―

香港に領事館を開設　香港はアヘン戦争（一八三九―四二年）の結果、南京条約によって英国へ割譲せられたアジア最大の良港である。英国はさきに掌中に収めたシンガポールと並んで、香港を確保することによって東南アジア、中国、日本、太平洋進出への橋頭堡をつくった。香港を統御することの影響力は、英国人をしてジブラルタルと対比させるほど大きかった。

香港島は大部分が山地で、狭い平地のビクトリア地区に人びとが集中して住んでいる。現在この地区の人口は約一〇〇万であるが、一八八一年（明治十四年）頃は約一六万にすぎなかった。そのうち西洋人は混血人を含めても一万人足らずで、他はすべて中国人であった。だから現地の住民に関わる需要は殆ど大したことはなかったが、通商貿易の要衝に位置していたために、香港へは世界各国の船舶が多数出入りし、様々な物資を積んで集まってきた。しかも香港は海関税無税のフリーポートであったため、東洋貿易最大の拠点として日増しに繁栄を重ねていた。

だから維新後の日本が世界市場開拓にのり出したとき、アジアでは上海とほぼ同時に香港に領事館を開設したことは当然のことであった。香港領事館の開設は外務省年鑑によると、明治六年（一八七三年）四月になっているが、初代の領事官は副領事・林道三郎で、その任命は明治五年十月二日付になっている。

中国大陸は地理的に日本ともっとも近い関係にあるから、領事館開設以前からいろいろな日本人が渡中していたし、香港へ渡ってくるものも少なくなかった。そのなかには商人もいれば、売春婦もいたし、琉球からの漂流民もいただろうし、欧州への途次立ち寄った政府高官もいた。領事館はこうした日本人の保護に当るのはその任務であったから、少数の館員でもってその応接に当るのは大へんな苦労であった。

しかし、邦人保護という領事館の一般的職務とは別に、香港を日本経済の海外進出の拠点とする政府の方針が早く打ち出されたため、香港領事の役割は特に重要性を与えられた。明治七年に副領事、ひきつづき明治十年から十八年まで領事を務め、日本経済発展の基盤を築いたのが安藤太郎（弘化三―大正十三年）である。安藤は幕臣・安藤文沢の子で、漢学を安井息軒に、蘭学を大村益次郎に学び、幕府に仕えて騎兵指図役となる。戊辰戦争では榎本武揚に従い函館五稜郭に籠城した一人である。明治四年、岩倉具視の遣外使節に随行して帰国したばかりの外国通であった。その外交上の経験を買われて香港副領事に任命された。香港は明治七年の台湾出兵（征台の役ともいう。開国後最初の海外派兵であった）がひき起した日本をめぐる国際問題の波が及んでいたところである。

貿易銀の流通をはかる　ところで安藤が香港副領事として担当した最初の大きな問題は、貿易銀流通の問題である。それは日本経済の国際化、海外市場進出の手段として、政府が積極的に意図していた日本貨幣を海外で支払決済手段として流通させる問題である。

貿易銀流通の問題といっても、あまり読者に馴染みのない言葉であるから、かんたんに説明をしておきたい。当時わが国の開港場では、東洋諸国の貿易で一般に使用されていたメキシコドルと並んで貿易一円銀が通用していた。この貿易一円銀というのは、明治四年の「新貨条例」で本位貨幣とは別に鋳造された銀貨で、開港場に限って通用させるものであった。この一円銀の本位金貨に対する比率は、一〇〇円をもって一〇一円に対当させる制度であったが、国際市場における金銀比価の変化という外生的事情もあって、現実からずれてきたため、明治八年二月二十八日付布告第三十五号をもって新しく貿易銀を発行することになった。それはメキシコドル通貨、つまり洋銀を駆逐する目的で発行されたもので、名前は貿易銀に変ったが、従来の貿易一円銀と同様に各開港場で流通させることにした。従来の貿易一円銀と形量はほぼ同じであるが、貿易銀の方が僅かに重いところがちがっていた。すなわち貿易一円銀が重量七匁一分七厘六（四一六グレーン）であるのに対し、貿易銀は七匁二分四厘五（四二〇グレーン）であった。そしてその表面には前者が一円銀、後者が貿易銀と刻されていた。この貿易銀が新たに発行せられたのは、量目を多くしてこれを中国をはじめ遠くインドあるいは海峡植民地にまで広く流通せしめようとしたためである。日本経済の現実はまだ中国の一部と取引し始めたばかり、香港はおろか、まして遠くインド、海峡植民地では日本は殆ど知られていなかった状況のなかで、日本の貿易銀を広くアジア、インドで流通せしめんとするのは夢のような構想であった。

そうした雄大な方針を打ち出したのは実は大蔵卿・大隈重信であったといってよい。彼は台湾出兵当時、蕃地事務局長官を兼ねていた。そして明治七年六月、蕃地事務局から十数か条から成る「安藤（香港）副領事への仰含候廉書」を送っているが、そのなかに、

一、貿易一円銀の流通を広む る事

という一か条があって、香港領事館においても、これが流通に助力すべき旨の方針が了解されていた。

こうして明治八年、新たに鋳造された貿易銀が、翌明治九年頃から中国の開港場で流通しはじめることになるが、政府の方針にもかかわらず一時にぱっと流通が拡がったわけではない。明治九年の香港には貿易銀がときどき顔をみせる程度にすぎなかった。ところが明治十年になると、大蔵卿・大隈の態度はにわかに積極的になった。といって、政府自ら表面に立って流通にのり出すわけにはいかないので、民間の手を借りることにした。その方法というのは、第一銀行と共同経営の下に三井物産会社支店を香港に設け、三井物産支店で流通のことを一手に引き受け、兌換事務をも行なうというものであった。

たしかにアイディアとしてはいうことはないが、香港には当時日本商人としては唯一軒、駿浦号と

いう小商店があるばかりで、それも倒産寸前という有様。また日本の商船も定期航路を開設していない情況のなかで、いきなり三井物産が支店を出して果たして旨くゆくのかどうか。それどころか香港政庁がそんな日本の野望をおいそれと認め、貿易銀流通の許可を出すかどうか。日本政府に成算があったのかといわれると、正直なところなかったといった方がよかったのではないだろうか。

しかし、ともかく渋沢栄一と益田孝は大蔵省と協議の上、とりあえず強引に日本から香港領事館へ日本銅貨を送ることにした。そこで旧一厘銅貨五千円、ついで五銭と十銭小銀貨五千円を香港領事館宛に送り、三井物産社員をこれにつき添わせ派遣した。そのときつき添って香港にきた三井社員は執行弘道である。彼は元来外務省にいた人で、明治九年十一月から約一年間、厦門《アモイ》領事館に勤務していた中国通である。明治十年末、三井物産香港支店設立の動きとともに、外務省から三井に移ってきたのである。そして翌明治十一年初頭早々、香港に到着して、日本から送られてきた第二回分の貨幣として、貿易銀一万円と少額銀貨五千円を受けとる。こうして日本政府は着々と既成事実をつくる一方、安藤領事は寺島外務卿の命令をうけ、香港総督に対し日本銀を香港通貨として認められるよう働きかけたのである。

ここで香港政庁がどうして香港通貨を鋳造しなかったのかという疑問が当然でてくるわけであるが、そうした疑問に答えるため一言ふれておくと、たしかに香港には通貨鋳造のために一八六六年造幣局を設立し、この年の四月から作業を開始したのであった。この設立の費用四〇万ドル、しかも一か年の経費が七万ドル、という多額の経費をかけたにもかかわらず、鋳造の成績はかんばしくなかった。そこで二年後の一八六八年には造幣局を閉鎖し、鋳造機械はこれを六万ドルで日本に売渡したのである。この機械が大阪の造幣局に入ることになるわけであるが、いずれにしても当時香港はそれ自身の香港通貨をもっていなかったのである。相かわらずメキシコドルが主要な決済手段になっていた。

そこへ貿易銀をもって香港法貨とすべく割り込もうとしたのが日本である。しかし日本のほかに、アメリカが米ドル銀貨を香港通貨とすべくさかんに働きかけていたのである。アメリカの中国市場への野望は既にいろんなかたちで現われていたが、これをチェックしようとしていたのがイギリスの態度であった。とくに香港通貨の問題では、米ドルとメキシコドルとは併行しかねる。むしろ日本銀の方が適当であろうというのが、イギリスの基本的考え方であった。しかし本国政府でわが貿易銀を香港通貨とするという最終的結論を出すには、若干時間がかかるわけで、その間に貿易銀はさかんに市場に流通しはじめていた。事実明治十二年になると、香港に流通する銀貨の大半が日本の貿易銀という、政府にとってはまことに喜ばしい状態になってきたのである。

貿易銀のシンガポールへの進出計画　ところで貿易銀を遠く海峡植民地からインドまで流通させることが最初からの計画であった。このことはさきにのべたとおりである。いまや香港に対して打った手が一応期待どおり動いているとすれば、つぎの目標はシンガポールでなければならない。そうと決った以上、行動は早い方がよい。外務省は早くも明治十一年三月、安藤領事に対し、一度シンガポールへ出張して同地の模様を視察し、これを報告すべしという電令を発している。当時シンガポールにはまだ日本領事館は設立されていなかった。

シンガポールと日本の交通は追々さかんになる状況にあった。まして貿易銀の問題がもち上がってくると、どうしても領事館の設立が必要になってくる。シンガポール視察からえた安藤領事の結論は、シンガポール領事館の設立であった。外務省もこの安藤の提案に異論はなかった。ただ問題は、誰を領事に任命するかの人選であった。外務省は種々協議した結果、適当な外国人を物色するよう安藤領事に命令してきたのである。外国人を名誉領事として任命することは、とくに異例のことではなく、当時芝罘、牛荘、メルボルンなどでは外国人をわが領事に任命していた。

そこで安藤領事は各方面の人に相談したところ、シンガポール在住の中国人・胡旋澤がもっとも適当なものとして候補に上った。彼はシンガポールの有力な実業家で、大へん人望のある人物であった。こうして明治十二年四月八日付でシンガポール名誉副領事に任命されることになる。しかしその頃から健康を害していた胡旋澤は、その後も恢復はかばかしくなく、ついに翌年三月死亡してしまった。彼の死は日本政府にとって大きな誤算であった。

挫折した貿易銀問題　ものごとは、ひとつが狂うと、とかく全体の歯車が噛み合わなくなる。シンガポール名誉副領事・胡旋澤の死とほぼ時を同じうして、明治十三年二月、日本国内では貿易銀流通を一貫して推進してきた大蔵卿・大隈重信が、内閣制度の改正で参議として留まったものの、大蔵卿の職を辞任した。その後大隈の身辺は国会開設問題などをめぐって政府部内対立の焦点となり、明治十四年十月には大隈は参議を罷免されるというふうに事態はあわただしく推移することになる。

貿易銀流通のその後の推移が、こうした日本国内の政治動向と直接絡んでいたかどうかは、なお検討を要すると思うが、日本に衝撃的であったのは、明治十三年二月、英国政府が香港における日本貿易銀を法貨として公認できない旨、駐英公使・森有礼に通告してきたことである。どうして英国政府が認可しなかったかという理由については、香港政府においても、また一般においてもこれを察知できなかった。恐らく英国政府が独自の立場で不認可の決定を下したものであろう。当然認可されるものと楽観し、着々と準備を整えつつあった日本政府にとって、最大の誤算といわざるをえない。そのために従来とってきた布石が何もかも狂ってゆくのである。

まず折角開設したシンガポール領事館は、さし当り名誉副領事・胡旋澤の後任者の決定を急ぐ必要があった。しかし外務省は後任者の件は緊急の必要事項でもないから、当分の間は領事不在のままにしておくとした。そして、しばらく事態の推移をみた上で、ついに明治十三年十二月二十八日をもって廃館にするという決定を下したのである。安藤領事は、いまのところ香港と欧州の間に領事館が一つもないのであるから、できるだけそのまま存続するようにという意見を具申したが、残念ながら聴き入れられなかった。

消えかかった香港の火　一方、香港に開業した三井物産香港支店はどうなったか。三井物産は開業当時から勤務していた執行弘道が帰国し、そのあと明治十二年八月には金子弥一が支店支配人となり、明治十三年七月には第一銀行と手を切って独立するにいたった。しかし物産の輸出入をみると、日本からの輸入は日本の小銀貨、銅貨のほか、干鱈、干鮑、樟脳、摺附木など、日本への輸出は台湾赤糖、板砂糖が主であったが、明治十四年には輸出入とも、商品の種類、また金額も大幅に減少し、業績はあまり芳しくなかった。そこで物産もまた明治十五年一月、三か年半の開業の末、閉鎖に追いこまれてしまったのである。

物産と並んで香港に支店を設け進出してきていたのが、国策会社の一つであった広業商会である。広業商会は明治九年、長崎県人笠野熊吉を社主とし、主として北海道産の海産物の諸国輸出を目的として設立されたものである。資本金六〇万円は内務省より無利子で貸与をうけた国策会社で、当時における対中貿易助成機関であった。本店を函館におき、支店を東京、横浜、大阪、長崎にもっていたが、明治十一年秋、三井物産に続いて香港に支店を設けることになったのである。広業商会は日本からするめ、寒天、干鱈などの海産物のほか、摺附木、硫黄、こうもり傘といった雑貨も輸出していたが、三井物産同様、思わしい業績をあげることができなかった。そこへ明治十四年の秋になって政府からの保護が打ち切られることになった。これまで政府の保護を頼みとしてきた同商会は、ここにいたってはたと経営が行き詰ってしまった。

そこで、まずもっとも業績のよくなかった香港、ついで横浜、大阪の支店も閉鎖することになった。

明治十五年十月末のことである。香港支店閉鎖に当り、安藤領事は同商会はわが対中貿易伸長のために設けられたもので、わずか三、四年の経験で儲からないからといって閉鎖するのは、余りにも早計すぎる、「廃業ハ容易ナルモ創業ハ難事タリ」、一旦開いた同支店をいま急に閉鎖するのはいかにも残念である、何とぞ御一考願いたい、という意見書を外務省へ送っている。しかし、それも空しく、広業商会は閉鎖後の残務を整理して、明治十六年三月には香港を引き揚げていった。

こうして香港には三井物産支店すでになく、いままた広業商会支店も姿を消した。これで香港の火が消えたかに見えた。しかし香港の火はすべて消えたのではない。実は三菱汽船の支店が僅かに面目を保っていた。やがて明治二十年代になると香港での日本の飛躍的発展の時期を迎えることになり、三井物産支店も再開される。初期の失敗の教訓は決して無駄ではなかった。

二　日本綿布と石炭

日本綿布の輸入始まる　明治二十年代に入ると、いままでと事情が一変し、日本製品がどんどんと香港市場へ入ってくるようになった。

まず最初にあげなければならないのは、明治二十年に始まった日本綿布の輸入である。それ以前の日本から香港への輸入品といえば海産物が主で、これに雑貨が少々あった程度である。それも金額は微々たるもので、綿布の輸入など全然なかったのである。

日本綿布の香港進出の背景には、日本国内における綿工業の発展があったことはいうまでもないが、明治二十年という年は偶然にも国内で洋式織布業が始められた年でもある。それ以前の綿布はすべて手織綿布であった。機械織の試みは、文久三年、島津藩が始めて英国から織機一〇〇台を輸入して試験的に使用したことがあるが、これは満足な結果がえられなかった。その後明治二十年になって富田鋏之助、森村市左衛門らが小名木《おなき》川綿布会社を創立し、英国から二〇〇台の力織機を輸入した。それが運転を開始したのが翌明治二十一年七月で、これがわが国で洋式織機を用いて広幅綿布を製織した最初である。この工場はのちに、富士瓦斯紡績会社の小名木川工場になる。これに続いて明治二十二年には京都綿糸織物会社、大阪織布会社（のちに大阪紡績へ合併）と各地に大量の力織機を備えた織布工場ができて、わが国の洋式織布業が急速に発達しはじめるのである。だからここで明治二十年に綿布市場を開拓したといっても、この場合の綿布は洋式織布業による綿布ではなく、伝統的な織り方によってつくった、いわゆる手織綿布のことである。

それがどうして香港市場に現われたか、といういきさつについては、香港領事・南貞助（明治十八年七月任命）が明治十九年四月から約一か月にわたって行なったフィリッピンの市場調査報告が一つの契機になった。南領事は日本人として始めてマニラに入り、物産その他の事情についてはとくに親しく現地の業者に面接し、できる限り詳細かつ念入りに調査した人である。その報告書は厖大なものであるが、その中でわが国から輸入の見込みある物産を一一種類あげていた。第一にあげていたのが、「一反七十銭以下ノ荒縞木綿反物類」で、とくに阿波縮、紀州木綿などのたぐいで、色は華麗なものがよいとしていた。その他絹布、瀬戸物の食器類、陶漆器その他室内装飾用小物類、ガラス類、米、石炭といった商品がリストにあがっていた。

この報告書に対し、国内の綿布業者から輸出の問い合せがあるなどの反響があった。フィリッピンへの輸出は実現しなかったが、これを契機に海外市場への進出意欲が国内に高まりつつあった。ところで、明治二十年頃になると、香港市場にいままで見なかった日本綿布がちらほら現われるようになった。これは横浜の中国商人が買い付けた品物の一部が香港へ廻ってきたものである。しかし、その日本綿布の評判はというと、景気よくどんどん売れるのである。一方、英国製金巾はすでに中国市場に進出していたものの、その質は弱くて中国人には不向きであった。そこへ試売品として日本古来の小幅の木綿反物をもってきたところ、売行良好という結果が出た。もし当地の中国人の嗜好に適合するよう、模様、縞柄、色合、あるいは幅丈に改良を加えるならば、もっと販路が拡大するにちがいない。このように南領事は明治二十年八月十一日付で報告を外務省に送ってきた。とくに英国製金巾の需要が落ち込んでいるいまこそ日本綿布進出のチャンスである、というわけである。

外人に人気があった浴衣　もちろん年間対中国輸出二一―三〇〇万ヤードの実績をあげていた英国も、黙って日本綿布の進出をみていたのではない。広幅の金巾木綿が弱くて中国人の需要に不向きであり、しかも価格においても中国木綿よりも高いという不評をうけ、ようやく中国向け輸出品の改良にのり出してきた。だからまだ進出まもない日本綿布が英国金巾に対してどこまで迫ることができるか。日英綿業の対決というほど大げさなものではなかったにしても、日本綿布にとって将来を占う一つの試金石であった。

その結果はどうであったか。明治二十二年における日本綿布の輸入は、萌縞木綿、二万八〇〇〇ドル、染手拭、五万二〇〇〇ドル、晒白地木綿・幅九寸物、三万八〇〇〇ドル、同幅一尺二寸物、四万四〇〇〇ドル、合計約一六万二〇〇〇ドル。比較的順調なスタートではあったが、まだ大したことはなかった。

ところが明治二十三年夏になって日本木綿縮の輸入が増加した。そして外人の店にも日本人経営の雑貨店の店頭にも並べられるようになった。香港副領事・宮川久次郎は、明治二十三年八月二十八日付で「香港ニ於ケル日本木綿縮ノ流行」に関する報告を送ってきた（『官報』二一六八号、明治二十三年九月十八日号）。

「日本木綿縮ハ従来当地へ多少輸入アリシガ、本年夏季ニ至リ西洋人其他洋服ヲ着用スル者、之ヲ以テ婦人夏服、男女肌着、椅子、轎子ノ外覆及日本風ニ仕立テテ部屋着ニ用フルコト大ニ流行シ、昨今当地西洋呉服店、日本雑貨店ハ孰《イズレ》モ之ヲ輸入シ、又支那人裁縫店ニ於テモ之ヲ店頭ニ鬻《ヒサ》クヲ見レバ其需要ノ多キコト推テ知ルヘシ、而シテ其肌着ニハ白地或ハ縦縞ヲ好ミ婦人服ニハ専ラ縦縞ヲ愛シ、椅子及轎子ノ外覆ハ花模様ヲ用ヒ何《イズレ》モ其幅ノ廣キヲ貴フ、肌着ハ当地ニテ仕立テ或ハ本邦ニテ仕立テタルモノヲ輸入セリ、部屋着ハ即チ本邦ノ浴衣《ユカタ》ニシテ仕立テタルモノヲ輸入セリ、西洋人ハ之ヲ日本衣物《キモノ》ト称シ男女トモ室内ニテ着用スル者甚タ多シ……」

なんと日本の浴衣を着ることが香港在住外国人のナウいファッションになった、というのだから愉快である。どうして西洋人が日本の浴衣を好むようになったのかというと、香港のような年中気候が温暖でむし暑く感じられる土地では、木綿の浴衣が肌着には心地よいばかりか、生地が丈夫で洗濯に耐えるからである。それに図柄も花鳥の模様が好評で、三尺帯一本を添えた浴衣一枚の小売値段が、一枚一ドル二、三十セントであったことも消費者に歓迎された理由であろう。そうであるならば、この浴衣の流行は一時の流行とは思えない。これを永続きさせるよう改良する必要がある、というのが宮川副領事の所見であった。

しかし不幸にしてこの流行は永続きしなかった。永続きしなかった原因はどこにあったのか。それは浴衣の染色が数度の洗濯に耐えなかったからである。つまり一、二回洗濯すれば模様がたちまち剝《は》げおちて見栄えが悪くなってしまうという欠点をもっていたのである。しかも日本人の背丈を規準にして仕立ててあったから、西洋人には袖丈《そでたけ》が概して短かかった。これが永続きしなかった主な原因である。しかし長期的にみると、手織木綿から洋式木綿への転換、すなわち生産構造の近代化が急務であったほか、たんに香港の西洋人向けの需要だけではなく、香港を拠点として広く中国南部から東南アジア市場のニーズに応えうるような綿布の開発が課題であった。

中国商人は団結に富む　南領事の農商務省商務局次長への転出にともない、その後任として仁川領事であった鈴木充美が香港に着任したのは明治二十二年三月であった。

鈴木領事が着任してみて感じたことは、日本商店の発展の不振と営業の種類がよくないことであった。当時、香港にどれだけ日本人がいたか。外務省は在外公館に明治二十年から毎年、年末における在留邦人を、公用、留学、商用別に報告させることにしたが、その最初の報告として明治二十一年十二月末日における香港在留邦人の数が左のごとく報告されている。

公用	男	五人	女	一人
留学	ナシ		ナシ	
商用その他	男	九六人	女	一四一人
合計	男	一〇一人	女	一四二人

当時の在留邦人数は合計二四三人。公用の男五人はすべて香港領事館関係者で、女一人とあるのは館員の夫人である。商用その他の女性の数が圧倒的に多いのは、その大部分が賤業婦であったからである。中国大陸で日本人賤業婦がもっとも多かったのは上海で、当時既に二〇〇人を越えていたが、上海についで多かったのが実は香港である。因みに香港よりもっとその数が多かったのがシンガポール及びその周辺を中心とする海峡植民地で、明治二十四年末の調査では香港の一三八人に対し一八四

人にのぼっていた。日本商人の進出に先立って大量の賤業婦の進出がみられたことは、開国後の日本が世界資本主義に包摂される過程での、その特質の一つとして注目する必要がある。このことはたんに日本だけではなく、中国その他アジア諸国についてもいえることで、土地から切り離され農村を追われた貧しい人たち、とくに女性が海外へ出稼ぎに故国を離れて落ちつく先といえば、こんなところしかなかったのである。

男性についても、公使館・領事館員あるいは三井物産社員といった公用、半公用の駐在員を別にすれば、裸一貫で渡航し孜々営々として商売に従事して成功し、あるいは倒産して撤退せざるをえなかった人たちの多くも、貧しい農村の出身者で占められていた。上海、福州、香港へ進出していた人たちは、地理的関係から長崎県、熊本県出身者が多くみられた。

進出した日本の商店と商人たち　それでは明治二十二年当時、香港にはどんな日本商店が営業していたか。外務省は明治二十一年十二月二十八日付で、外務次官・青木周蔵の名で世界各地三四か所の領事館に対し、「本邦人ノ其地ニ於テ商店ヲ開設シ、現時商業相営ミ居ル者ノ店号、氏名、住所及営業ノ種類」を、至急調査し報告せよ、という指令を出している。

それによれば、当時、日本商人の進出がもっともいちじるしかったのは朝鮮で、それについで多かったのが清国である。清国には世界の他のどの地域よりも早く、しかも多数の領事館が開設されていた。もっとも早く開設されたのが上海（明治五年二月）、福州（明治五年九月）、ついで香港（明治五年十月）、厦門《アモイ》（明治七年四月）、天津（明治八年八月）、牛荘《ニューチャン》（のちの営口、明治九年三月）、芝罘《チーフー》（明治九年五月）、漢口（明治十八年五月）、広東（明治二十一年七月）である。ともかく当時、日本領事館の約四分の一が清国に集まっていたのである。

ところで、これら清国各地の領事館からの回答をみるかぎり、日本商人の進出していたところは、上海、福州、香港、天津、芝罘、広東といった本土沿岸諸開港場に限られていた。しかも活発な貿易活動をしていた有力な商人といえば、三井物産だけであった。あとは最近開業したばかりの個人商店が多く、果たして現地に根を下ろすことができるかどうかといった不安定な状態にあった。

香港についていえば、いったん閉鎖していた三井物産は、明治十九年一月、上海支店香港出張所として再開された。三井物産の再開はのちにのべるように、この頃から石炭の輸出が急速に活気を帯びてきたからである。三井物産のほかには、独立した店舗を構えた商店はわずかに三店しかなかった。日下部商店（店主・日下部平次郎）、宮野雑貨店（店主・宮野芳次郎）、立林雑貨店（店主・立林孫四郎）がそれである。

日下部商店は香港ではもっとも古い商店で、開店は恐らく明治十二年頃だろうといわれている。元来、日下部は大阪府の人であるが、同じく大阪出身の森上と共同で商店を設立して、これを日下部と森上の頭文字をとって日森洋行と称していた。これがのちに一大商社に発展した鈴木商店の前身といわれる。当時、日森洋行は日本から輸入した瀬戸物や茶器を販売し、一方オークションで買い付けた品物を日本へ輸出していた。それが一〇年のちには綿花の輸入、日本雑貨の輸出などで手広く営業する、大商店に成長していたのである。微賤より身を起し、刻苦精励、困難な環境のなかで成功した数少ない先駆者である。

一方、宮野、立林の両雑貨店は、一、二年前に開店したばかりの小店で、まだ大きな取引は無理なようだ、と「報告」は記していた。

その他、日本の最初の職業写真家となった長崎県出身の上野彦馬が、当時ここで写真館を開いていたことは興味深い。その他とくに目につくのが「宿屋」とか「貸座敷業」と称するものである。「宿屋」が五軒、「貸座敷業」が八、九軒もあった。「宿屋」といっても真面目に営業していた一、二軒のほかは、実は現在のラブ・ホテルで、当時は「密航者」とよばれていた、そのような賤業婦に関係する営業を行なっていたのが「宿屋」である。「貸座敷業」というのもまた各戸数人の抱え女をもって、その方面の営みをさせていた淫売屋であった。これに類似する営業を行なっていたのが飲食店、カフエーと称するもので、こうみてくると、香港在住日本人の大半は多くは外人相手のいわゆるセックス産業に関わっていたのである。昭和六十二年に封切られた今村昌平監督の映画「女衒」（Zegen）の舞台になったのが、明治三十年代の香港で、現在のわれわれの眼をそむけさせるような、当時の貸座敷業の実状をよく描いていた。

鈴木領事の意見書から　しかし、それが香港のすべてではなかった。日本商品の市場開拓をめざして真面目に努力していた日本商人がいた。彼らは真面目に努力してもなかなか容易に中国商人が永年築き上げてきた商業ネットワークを突破できないで困っていた。どうすれば中国市場に入ってゆけるのか。鈴木領事は着任後まもなく、香港における日本人の現状とその発展不振の理由をあげ、つぎのような内容の意見書を外務省へ提出した（「香港の貿易」『通商報告』一一四号）。

これを要約すると、香港に輸入せられる日本品は石炭をはじめ、水産物、陶器、漆器、薬種、雑貨など、その年額およそ三―四〇〇万円以上に達する。にもかかわらず、これらの商品は殆ど清商の手によって輸入せられ、かつ販売されている。このように日本商人が清商に圧倒されている原因は、一つは清商の団結力とその目前《めさき》の利益に拘泥しない商法に勝てないこと。第二は、日本商人は資力に乏しいから、一度失敗すればそれで直ちに退却せざるをえないということ。第三には、日本の製造元ではまだ信用のない日本商人に売るよりか、清商に安く売っているのが現状であること。これら三つの原因を指摘した上で、結局、日本商人が香港に進出するがためには、以上の欠点を矯正せねばならないことを力説したものである。商売は「一朝一夕ニシテナルモノニアラズ。又少額ノ資本ヲ以テ目的ヲ達シ得ベキモノニアラズ、先ツ其ノ基礎ヲ香港ニ定メ実地経験アルモノヲシテ見本物品ヲ携ヘ各地ニ出張シテ其ノ需要ノアル処ヲ視察シタル上機ヲ失スルコトナク本社ニ通報シ以テ其ノ仕入方ノ指揮ヲ行ハシムルコトハ先ツ其ノ手順ノ第一着ナリ」。マーケッティングの大切さを説いた鈴木領事のこの忠言は、いまでも通用する商売の正道である。

ただ最後に三井物産香港支店の石炭輸入の例をひいて、日本人の進出のためには三井のような方法をとるのが最善策であることをほのめかしていることは注目すべきであろう。すなわち昨年（明治二十一年中）香港に輸入せられた石炭の総額は三四万八六七〇トンで、そのうち日本からの輸入は二九万九三〇〇トンに上り、総額の実に八〇パーセントを占めている。しかも日本からの輸入は殆ど日本人の手を経たものであって、従って香港貿易のなかでわが国にとって最大の利益をあげているのは、この石炭である。このように石炭の利益をわが国が独占することができた理由は、その業に当るものの資本が大であって、その局に当るものの任務に適しているためである、としていた。

日本炭が香港市場を独占　三井物産はさきにのべたように、いったん閉鎖していた香港支店を明治十九年二月に再開した。その後の香港支店の活躍はまことにめざましかった。その取扱い商品の中心になったのが石炭である。三井物産は早くから官営三池炭の上海輸出、のちには香港輸出に当っていて、年を追って取扱い高が増加しつつあった。その石炭輸出が急速に増加したのは、明治二十一年八月三池炭鉱の入札が三井組に落ち、払い下げを受けてからである。香港への石炭の輸入統計を次頁に掲げておいたから、それをみて頂くと、いかに日本炭が事実上市場を独占していたかが分る。石炭の需要がこの時期の香港において増大したのは、一八八〇年代後半は船舶が帆船から蒸汽船への転換期に当り、香港は入港する各国船舶にとって重要な石炭補給基地になっていたからである。その他香港それ自身の工業化の発展とともに、紡績業、精糖業、製氷業、セメント生産などにおける石炭需要の

香港への日本石炭輸入高（明治16—24年）　（単位：トン）

	三池	長崎輸出雑炭	門司輸出雑炭	神戸輸出雑炭	唐津	北海道	八重山
明治16							
17							
18							
19							
20							
21	106,650	147,636		43,797			1,304
22	137,380	97,484		84,178			5,957
23	141,274	153,618	60,236	41,960		6,000	
24	179,776	134,520	57,446	10,000	10,080	15,900	

香港への外国石炭輸入高（明治16—24年）　（単位：トン）

	英国	豪州	ニュージーランド	鶏籠	開平	東京	安南	北米
明治16								
17								
18								
19	66,154	89,053		250			800	60
20	30,432	61,450	2,500	450				3,243
21	19,830	26,941	1,500	1,177				
22	27,770	63,858	3,000	4,700				1,000
23	16,811	29,002	200	2,400		350		450
24	28,140	31,317		1,850	9,400	3,300	100	2,220

香港への日本炭・外国炭別輸入高（明治16—24年）　（単位：トン）

	日本炭合計(A)	外国炭合計(B)	総輸入高(C)	(A)／(C)%
明治16			265,006	—
17			309,269	—
18	181,155	184,984	366,139	49.5
19	223,181	156,317	379.498	58.8
20	272,947	98,075	371,022	73.6
21	299,387	49,448	348,835	85.8
22	324,999	100,328	425,327	76.4
23	403,088	49,213	452,301	89.1
24	407,722	76,327	484,049	84.2

資料：宮川久次郎報告「香港石炭商況」（明治25年5月27日付）
　（『官報』明治25年8月4日所載）

増大があったことも見逃せない。そうしたなかで三池炭は良質かつ安価であった。そのために英国軍艦専用のカーディフ炭はこれを別にすれば、豪州炭、開平炭、東京炭などの競争を寄せつけなかった。

香港支店では三池炭を主として太古洋行、恰和《イワ》洋行に売り込んでいたが、やがて清国軍艦も三池炭を使用するようになる。その他、従来外国の郵便船が英国炭あるいは豪州炭を使用していたのが、シンガポール以東は殆どすべて日本炭に代えるようになったことは注目してよい。こうして日本炭の香港総輸入高のなかで占める割合は、明治二十二年には七六パーセント、二十三年には八九パーセント、二十四年には八四パーセントに上ったのである。また日本の石炭輸出先は上海と香港が主で、そのうち明治二十年代は香港が全体の約五〇パーセントで、上海の約三五―四〇パーセントを抜いて第一位を占めていた。

なお三井物産は石炭だけを取り扱っていたのではなく、綿糸の売り込みもこの頃から活発に行なっていた。綿糸は主に鐘紡、東京三池紡績会社製品を取り扱っていたが、上海と比べると、取扱い高にまだかなりの開きがあった。その他の雑貨としては米、綿花、骨炭などを取り扱うとともに、日本製マッチの輸入では殆ど香港市場を独占していたのである。この点についてはのちほどのべることにするが、このようにみてくると、明治十九年再開後の三井支店は、十年代前半の失敗とはまったく様相を異にして、その活躍振りは目を見張るものがあった。

日本炭の輸入が年々増加の一途を辿っていたことは喜ぶべきことであったが、一方では実は気がかりな問題が起っていた。それは何かというと、増大する石炭の輸送に外国船を雇わねばならなかったことである。

いま香港への日本炭の輸入が一か年約四〇万トンに増大したとはいえ、これを輸送する日本船はただ三菱社所有の朝顔丸一隻があっただけである。朝顔丸は香港と長崎の間をピストン往復し、一年間にだいたい二〇回以上入港するありさま。それでも一隻では積んでくる石炭は合計七万トンほどにしかならない。残りの三二—三三万トンつまり総輸入高の五分の四は外国船に依存していたのである。

副領事「石炭商況」報告—輸送船舶の充実を急げ　香港副領事・宮川久次郎の明治二十四年五月二十七日付「二十三年中、香港石炭商況」（『官報』明治二十四年六月十三日）によれば、実は三池炭は二十二年末までは、日本船三池丸、伏木丸の二隻によって運送にあててきたのである。ところが口ノ津港が特別輸出港になってから、石炭輸出者は日本船雇い入れの契約を解除して外国船で運搬するように改めた。というのは、外国船の方が運賃が安かったからである。持船があまり多くない炭鉱主としては、船を雇い入れる場合、内国船、外国船を問わず、もっとも安い船を選ぶのは当然である。それでも納得できないのは日本の海運業者の態度である。当然日本が占めるべき航路が外国船に踏みにじられているにかかわらず、彼らは恬として顧みない風があるのはいったいどういうわけか。日本海運業が幼稚なためか、それとも日本沿海だけに汽船を使用する方が利潤が多いためなのか、実に了解に苦しむところである。恐らく日本はまだ汽船の数が少なくて、沿岸貿易の需要を充たすだけでも忙しく、他の航路を顧みるいとまがないのであろう。しかし日本内地の貿易は天産物を主とするから、輸送もおのずから季節があって、一年中忙しいとはいえない、ときいている。これに対し香港への石炭輸送は一年中汽船を使用することができるので、たとえ運賃が少々低廉であっても、却って利益が多いであろう。日本の海運業者はその点をよく考えてほしい。それが日本海運業の発展、日本の貿易の発展に貢献するのである。「蓋シ日本海運業ヲ発達セシメント欲セバ、先ヅ此ノ石炭運輸業ヲ我ニ取ルコト第一歩ナラン」と。

日本の領事は各国商人がしのぎを削る激しい国際通商競争の現場から、日本国内の商人や海運業者の動きを見ていると、じっとしておれないほど歯がゆくて仕方がない。どうすれば日本が国際競争に立ちうちできる通商国家に成長できるか、その障害になっているのは何か、ということについて、日本の外からたえず個々の問題に即して具体的に考え、意見をのべてきた。石炭の輸出が他国の競争を抑えて大きな成果をあげている、この喜ばしい現実。しかしその輸送に当る海運業の現状をみれば、石炭輸出の成果も手放しで喜ぶわけにはいかない。だから宮川副領事のような意見が出てくることは当然である。しかし外国船が日本石炭を香港へ大量に運送するにいたった事情は宮川副領事が考えるほど単純ではない。

というのは、石炭のようなかさ高い貨物を運搬する船舶はもちろんのこと、遠洋航路の船舶は往き荷と帰り荷を考慮して運航計画を立てるのがふつうである。明治二十三年になって外国船による香港への石炭輸送が増大したのは、香港から日本へ大量の米が輸入されたことと密接に関係している。日本は当時毎年大量の米をヨーロッパ、香港、豪州へ輸出していたが、明治二十三年は凶作のため逆に大量の米を輸入せざるをえなかった。その米は実は香港から輸入されたのである。米を積んだ外国船が、その帰り荷に積んだのが、日本から上海、香港へ向けて大量に輸出されていた石炭であった。だからたとえ日本船が往き荷に石炭を積んだとしても、帰り荷に何を積むかという見通しが立たないかぎり、おいそれと香港まで出てゆけなかったであろう。まして宮川副領事のいうような、内地沿岸貿易の船舶を香港へ廻せば、一年中使用できるという考え方は、あまりにも楽観的ではなかったか。というのは、香港における石炭の需要はたしかに増加しつつあったにしても、その後の香港における「石炭商況」についての領事報告が示すように、日本炭の滞貨貯蔵が増加するにつれ、日本炭が値崩れをひき起しているのである。商売というのは、売れるからといってむやみに輸出すればよいというものではない。そこが商売のむずかしいところである。

三　香港・東南アジアへの日本雑貨の進出

香港の日本雑貨店　明治から大正にかけ日本経済の発展を促進した工業の大きな部分を占めていたのが、いわゆる雑貨工業である。雑貨品というのは、一般的には日常家庭生活に必要な雑多な身廻り品や多くの小物類をさすが、その範囲があまりにも広いために、こんにち「雑貨」という品目分類が使われている。しかしその場合、生産統計、貿易統計、商業統計などでは調査目的によってその範囲は必ずしも一致していないのが現状である。まして歴史的にみた場合には、その品目の内容が変化しているだけではなく、その生産の経済・社会において占める地位が異なっていた。

明治時代をとってみると、綿業とか鉄鋼・造船業といった産業革命をリードした花形産業とは別に、茶碗、陶器小皿、こうもり傘、歯ブラシ、マッチ等々といった雑貨工業が、それぞれ各地方の地場産業として人びとのくらしを支え、日本経済の底辺を支えていたのである。しかも、そうした雑貨工業が国内需要を充たす傍ら、早くから海外に市場を求めて輸出にのり出していた。海外市場といっても、生活の風俗習慣が異なる西洋よりか、日本のそれに比較的近いアジアに市場を求めたのは自然の成りゆきであった。

こうして明治二十年頃から、日本雑貨が中国大陸沿岸各地にさかんに姿を見せるようになった。その一つの中心が実は香港であった。

明治二十年代はじめの香港には、どのような日本雑貨が入っていたか。二十四年はじめの「領事報告」によれば、日本雑貨といっても大きく分けて、高級な美術品と安ものの室内装飾品及び日常必需品に分けることができる。そのうち高価な美術品を愛好する人たちは、西洋人に限られ、しかも人口もごく少なかった。因みに明治二十四年当時の香港の人口は約二〇万、そのうち一九万が中国人であったから、西洋人といってもその数はしれていた。彼らの間では室内の飾りつけに日本の美術品を用いることが流行していて、だいたい既に需要を充たしたようである。彼らがどこでそれらを手に入れたかというと、避暑をかね日本へ旅行したときに直接購入したものである。だから家を新たに構えるものとか、特別に日本美術を愛好するものを除けば、香港では高価な美術品は売れる見込みはない。現に需要をあてこんで、二十三年に横浜のハンガリー人が香港に支店を出し、高価な日本の贅沢品を陳列したが、開業の始めからずっとはなはだ景気がよくない有様である。

一方、安もののインテリア類は引きつづき人気がある。主として中流以下の西洋人が買っている。彼らの住宅には必ずといってよいほど、日本の屛風を一、二双備え、壁には掛物が飾ってある。それは室内装飾品としては値段も安く、もっとも見栄えするものとして、日本品がいちばん手ごろだからである。屛風、掛物のほかには、提灯《ちょうちん》、灯籠、すだれ、植木鉢、竹細工といったものが好まれる。これらが好まれるといっても、香港在住の西洋人向けインテリアであって、おのずから需要には限界があった。

中国人向は「日常ノ必要品ニ注目スル」こと ところで、ここでとくに注目すべきは、人口の大部分を占める中国人向けの日常雑貨品が、日を追って需要をのばしていたことである。日常の生活雑貨品といっても多種多様あるなかで、中国も文明開化の影響が庶民の生活にまで及びつつあったために、洋風の雑貨に人気が集まっていた。例えば手拭、木綿緬、メリヤスの靴下、こうもり傘、マッチ、石鹼、香水、楊枝、陶器小皿、茶碗、団扇《うちわ》といったもので、これらは外国からの輸入物である。日常生活に便利であったばかりか、それらをもっていることがカッコよかった。

これら日用洋式小間物類は、元来はヨーロッパ人がもたらしたものである。ところが模倣上手な日本人が、安価な模造品をつくって、欧州ものに対抗しはじめたのが明治二十年代の始めである。市場の先行きが明るいとみてとった香港領事が、日本のとるべき市場戦略としてそうした方向が望ましいと、領事報告のなかで指示してきたのもその頃である。

中国人は「近来追々外国器物ノ便利ナルコトヲ知リ、漸次之ヲ使用スルノ傾アリテ、日用西洋小間物ノ流行ハ日ヲ逐ヒテ盛大ニ赴クヲ以テ、日本ヨリ模造西洋品ヲ廉価ニ輸入シ、以テ欧州ヨリ積来ルモノヲ圧倒スルハ敢テ難キニアラザルベシ、抑々当地ハ南支那地方ノ門口ニ位スルヲ以テ、雑貨貿易ヲ此地ニ開カントスル者ハ、自今宜シク贅沢品ヲ止メテ日常ノ必要品ニ注目スルコト肝要ナルベシ」と（「香港ニ於ケル日本雑貨景況」『官報』明治二十四年三月十七日）。

香港領事は日本雑貨の進出に当り、それらを販売する日本商店の進出を期待していた。香港にはさきにものべたように、日下部商店が十年にわたる商業の実績をもっていたが、需要の行き詰っていた西洋人向き高級美術品をあてこんだ経営方針が失敗し、所蔵品をすべて競売に附して閉店していた。こうした事情もあって、日本雑貨が将来有望であるといっても、有力な日本商店が閉店した以上、日本の製造家と香港を結ぶルートが切れてしまっていたのである。といって、領事館は商品見本による試売と市場調査だけで精一杯であり、それ以上のことはとてもできない。だから相当の資力のある商人が日本から来て、主として廉価な装飾品と日用必需品を現地の中国人相手に売る店を開くことが必要である、というわけである。そして香港で商店を新設するに要する費用を参考までに計算するほどの熱の入れ方であった。その試算によれば、つぎのとおりである。

一、家賃　　　　　　一か月　一〇〇ドル
一、出張社員五人　食糧など諸費　一か月　五〇ドル
一、中国人番頭一人　月給　三〇ドル
一、中国人雇用二人　一人につき月給　六ドル　一二ドル
一、広告その他雑貨　一五ドル
　毎月の経費　二〇七ドル

日本マッチ、香港を制す　ところで、日本商人の進出が思いどおりに進まなかったにしても、日本雑貨はどんどんと香港に進出してきたのである。そのなかでも、もっとも進出めざましかったのは日本マッチである。

日本の洋式マッチ工業の起源は、明治九年四月、清水誠が東京に新燧社を設立したことに始まるとされる。マッチは小資本でもって始めても製造が比較的かんたんなため、日本マッチはたちまち数年のうちに国内市場をほぼ完全に掌握した。明治十三年以降には輸出が本格的になり、輸入マッチは数

量・金額ともに急激に減少した。これほど早く移植工業が成功したのも珍しい。

進出先は釜山、仁川といった朝鮮、それに上海、香港を中心とする中国市場が主であった。こうした市場は、すでにオーストリア、ドイツ、スウェーデンのマッチによって占められていたが、そこへ粗悪だが格安の日本マッチがどっと入ってきたからたまらない。またたくまに激しい国際通商戦争に突入した。当時の朝鮮や中国の消費者は生活水準が低く、従って良質であっても値段の高い外国のマッチよりか、少々粗悪でも値段の安い日本のマッチの方にひかれた。こうして日本のマッチは西洋のマッチとの競争に打ち勝ち、どんどんとシェアを伸ばしていった。

しかし、こうしたブームにのった生産と輸出拡大の背後に、中小・零細製造業者の簇生《ぞくせい》、そのもとでのチープ・レーバーと粗製乱造という、やがて日本経済の海外での悪評を招く特色がすでに現われていた。安いけれども、火のつかないマッチ、ということで、日本の信用ががた落ちになった。その落ちた信用を一時的に避けようとした一種の欺偽的商法が、外国製マッチの商標盗用である。

商標権及び商標登録の問題は当時イギリス、アメリカなどで法的整備が着々と進んでいた。しかし日本ではやっと明治十七年、最初の商標法が制定されたばかりであった。まだまだ商標模倣の犯罪意識が低かった。とくにマッチは図柄模様の商標によって取り引きされ、商標が価値と信用の程度をはかる尺度になっていた。そうしたなかで、もっとも信用のあった商標はドイツ、スウェーデン、オランダといったヨーロッパのそれである。日本のマッチはそれら外国マッチの商標を模倣したのである。

とはいえ、なにしろ多数の零細業者がそれぞれ勝手に、あるいはとくに中国商人の注文によって商標をつくって輸出したのであるから、いったいどこが模倣なのか、また模倣でないのか判然としない程、乱雑状況にあったのがマッチ業界の実状であった。まして当時、香港に輸入されていた日本製マッチの商標の種類が、二〇〇種を下らなかったといわれるから、その混乱状態はほぼ想像がつくであろう。

ところで、香港領事は日本製マッチの評判はとても悪く、このままではやがて販路絶滅のときがくると悲観的な報告を寄せていたが（明治二十年十一月十四日付報告）、現実はむしろ逆で、日本マッチの輸出は、数量・価額とも全輸出の約八〇パーセントが香港に集中し、しかも外国マッチを抑えてなお増大の傾向にあった。こうして明治二十年代始めには日本マッチは香港・華南市場をほぼ手中におさめることに成功したといってよい。ただ指摘しておきたいことは、天津・芝罘《チーフー》を中心とする華北市場及び漢口を中心とする揚子江上流地方では、日本マッチは殆ど市場を開拓できなかったことである。その理由は、南北両地域におけるマッチ需要の質のちがいによるものである。

当時の中国では、大きく分けて北部は黄燐マッチ、つまり摩擦によって容易に点火する「危険マッチ」が使用されていた。これに対し南部でもっぱら使われていたのは「安全マッチ」であった。ところが日本国内では、明治十八年に「危険マッチ」の製造が禁止されて以来、輸出用といえども、不法に製造された一部を除き、「安全マッチ」だけに頼って発展してきたのが日本のマッチ工業であった。日本マッチが香港を中心に市場を開拓したのは、こうした中国南部の需要構造にフィットしたことによるのである。

ところが、マッチ市場を中国南部だけではなく、中部から北部にまで拡大しようとすれば、「危険マッチ」製造解禁問題に直面せざるをえない。事実、上海からの「領事報告」（明治二十一年二月二十四日）も、「今我が安全製のものも其装飾の模様と売価の低廉とに由て其需要固より大なりと雖《いえども》、若し同時に本邦にても相当の取締方を設け雷火製（黄燐マッチ）の製造を解禁せられなば、摺附木の輸出一層増加するに至るべき」と論じていた。その一方で、日本にとって警戒すべきは、中国内において着実に発展しつつあった中国マッチとの競争であった。

中国マッチ工業は日本より少し遅れて出発したが、明治二十年代始め頃から上海あるいは広東において本格的に製造を開始していた。すなわち広東の状況はどうであったかというと、日本から製造技術を学ぶとともに、原料の軸木・函木は日本から、薬品はヨーロッパから輸入して製造している、いまのところその製品は日本製に比べ四割方高価であるが、近い将来わが日本製品を脅かす存在になるであろう、と香港領事は広東のマッチ工業について情報を伝えてきた（明治二十一年二月三日）。

広東だけではなく、上海も事情は同じで、中国のマッチ工業は日本から製造技術、軸木・函木の輸入によって急速に発展しつつあった。日本マッチの輸入においては、日本商人の後進性のために商業の主導権は中国商人が握っていた。しかし工業生産力の発展においては、中国は日本の後塵を拝していたのである。つまり日本商人の中国市場進出が遅れたまま、日本商品がさきに中国市場に溢れていたのである。しかも元来西洋人のものであった日常雑貨品が、日本人の手によって器用に模倣され安くつくられることによって、どんどん日本製品にとって代られつつあった。ほんもののヨーロッパ製品は質はよいが、マッチを一箱ではなく二本三本と軸でしか買えない貧しい一般の中国庶民にとって、それは手の届かない代物であった。そんな中国市場へ粗製乱造ではあっても、価格の安い日本商品が進出し、西洋商品をつぎつぎと駆逐していったのである。

欧州領事の目に映った日本商品の進出　こうした日本商品の中国市場へのいちじるしい進出振りに驚いたのが、西欧の中国駐在領事たちであった。

西欧諸国のなかで、とりわけ日本商品の中国進出に注目したのはイギリスであった。一八九三年（明治二十六年）三月の『商務院ジャーナル』（Board of Trade Journal）は、漢口駐在フランス領事の報告を引用しながら、日本製品の進出振りをつぎのように報じていた。

「現在日本から中国への輸入品は、主として雑貨である。例えば洋傘が目につくが、それは大阪からの輸入品である。中国では従来雨が降れば雨除けに油紙をかぶる習慣があったが、その油紙に代って洋傘が用いられつつある。また中国人の間で好評をえているのが、夏の外出着用の日本製綿ドレスである。その他さまざまな色や形の石油ランプ、ガラスの火屋《ほや》及び芯、マッチ、湯沸し、コーヒー・ポット、茶箱など各種ブリキ製品、窓ガラス、ワイングラス、デカンター（酒・ワイン用のカットグラスの瓶）、ガラス製品一般（東京工場製）、大阪製のフェルト及び麦わら帽、大阪・東京製の綿・羊毛ズボン、紙、良質で安価な石鹼、その他の工業製品がある。

日本製品の競争はいままでもあったが、その規模は限られたものであった。しかし、いずれもっと複雑な大型商品にまで影響が及んでくることは明らかである。日本人は良い製作者ではないにしても、機敏で西洋そっくりの模造品をつくる才能をもっている。だから注意しておくべきは、日本人はそれら模造品をヨーロッパ人の高い価格よりも、もっと安い価格で中国人に売るようになるということである」と。

日本の雑貨は西洋の模造品　つまりイギリス人は日本商品の中国進出をどう見ていたかというと、いずれもヨーロッパ製品の模倣で、いまのところ別に脅威を感じるほどのことではないが、ただ将来は模倣上手な日本がチープ・レーバーで攻勢をかけてくることは覚悟しておいた方がよいだろう、といったところである。

イギリス人の海外市場に対する基本的態度は、まえにのべたようにイギリス製品は世界でもっとも優れた商品であり、従って良いものはじっとしていても売れるという態度であった。たしかに先進ヨーロッパ諸国や植民地の間では、そうした商法は通用したかもしれない。けれどもアジア、とりわけ当時の中国のような、ヨーロッパとは風俗習慣もちがえば、人びとの所得水準もはるかに低い国に対しては、少々高価であっても商品の質が良ければ売れるといった商法は、そのままでは通用するはずがない。イギリス商法は通用しないけれども、中国の庶民は雨除けには従来の油紙よりか洋傘の方が便利であり、ファッションとしてカッコいいと思っている。だから、もし安く手に入るならば是非買い求めたいと思っている。

ヨーロッパ製品は庶民の潜在的購買力をかきたてたが、中国人の生活の現実とヨーロッパ製品の間にかなりの距離があった。もし中国の工業化が日本と同じ程度に発展していたならば、恐らく中国の雑貨工業が、その空間を絶好の国内市場として埋めながら発展したことであろう。しかし中国の工業化は、まだそこまでは進んでいなかった。だから中国に代ってその空間にいち早く進出してきたのが日本の洋式雑貨工業であった。

日本の雑貨が、ヨーロッパ製品の模倣だと、西洋人はしばしば軽蔑的な評価をするが、少々粗悪でも安価な洋式雑貨を求めている庶民にとっては、たとえ模倣であっても安く手に入ればそれで満足なのである。ヨーロッパの商人は彼らの要望に応えようとしなかった。だから日本は彼らのニーズに応えて、模造品であるが安いものを提供し、中国市場を開拓したのである。

海峡植民地への進出　こうした日本の洋式雑貨に対する需要は、たんに中国に限らず、ひろく東南アジアについても事情は同じであった。東南アジアは中国からの移民が多く、この地方の商業は中国商人によって掌握されていた。だから安価な日本商品は彼らの手によって、住民の間に広く浸透しはじめていた。とりわけ中国移民・中国商人の進出いちじるしかったのは、シンガポールを中心とするイギリス領海峡植民地である。イギリスがはっと気がついてみると、自分の植民地であるにもかかわらず、いつのまにかイギリス商品を抑えて、日本商品が身近に進出してきているのではないか。『商務院ジャーナル』誌上に、「海峡植民地における日本の競争」と題して、東南アジアにおける日本商品の情報がはじめて掲載されたのは、一八九四年（明治二十七年）五月のことである。しかしこの情報は、現地の駐在領事が直接市場調査を行なってえたものではない。シンガポールの新聞“Straits Times”の記事からの転載である。そこには日本商品の驚異的な進出が記されているが、その内容を要約するとつぎのようである。

近年ヨーロッパ製商品は、しだいに価格が騰貴してきた。その機会に乗じて進出してきたのが、実は安い日本商品である。日本商品の多くは、ヨーロッパ輸入品の模倣であるが、日本のやり方をみていると、日本はいまにヨーロッパにとって有力なライバルになることを警告せざるをえない。

日本は生活水準の低い人口、優秀な労働力、模倣にかけては驚くべき才能をもっている。それだけにヨーロッパの製造業者のみならず、日本商品の侵入で痛手を被っている海峡植民地その他の商人にとっても脅威のまとである。当時の中国商人は、ヨーロッパ市場と直接取引するルートをもたない。従ってヨーロッパとの貿易はまったくヨーロッパの商人の手に握られている。ところが中国商人たちは日本との貿易については実権を握っていて、ヨーロッパ商人はなかなか割り込めない。このようにして中国商人をつうじて侵入してきたのが日本製マッチである。そして日本製マッチが当時ではすでにヨーロッパ製マッチを駆逐した。その日本製マッチの輸入に、ヨーロッパ商人はどうしても割り込めないのである。

いま一つ、日本からの大量輸入品は石炭である。しかも日本炭はいまやイギリスの誇るカーディフ炭を凌ぐ勢いである。日本の輸入商品のなかで、石炭は最大の輸入額を占めている状態である。

さらに注目すべきは洋傘である。良質のものは別であるが、日本の洋傘のためにヨーロッパの傘は海峡植民地市場から急速に後退を始めている。またズボン、肌着、下着いずれも模倣品であるが、主として日本からの輸入品が幅をきかせている。それら日本製品は価格が安いという点では、ヨーロッパ商品とは比較にならない。そればかりか、さらに日本製品との競争に追いこまれた商品をあげれば、ビール、銅線、石鹸、ランプ、旅行カバン、掛時計、懐中時計、タバコ、シガレット、紙その他多数の商品がある。

こうした多数の商品を進出させた日本の成功の秘密はどこにあるかというと、日本商品の値段の安さである。一例をあげると、アメリカ製の掛時計は僅か二ドルという格別安い価格で海映植民地市場を獲得したのであるが、日本ときたらそれを上廻る安い価格で割り込んできた。そのやり方というのは、ヨーロッパから本体の機械部品を買い、それを日本でつくったケースに入れて、掛時計や懐中時計に組み立て、それをここへ輸出してアメリカ製品としのぎを削っている有様である。しかも日本はいまやその機械部品も国内でつくり始めている。こうして日本はヨーロッパ商品にとって恐るべきライバルになることは疑いない。

日本の競争は問題にするに足らず　以上が、『商務院ジャーナル』が伝える「海峡植民地における日本の競争」の実態である。ともかく模倣と低価格を武器として、はるかシンガポールまで先進国の既得市場に進出しつつあった日本商品が、どのような商品であったかがよく分る。それは日本の職人の手になる伝統的な美術工芸品ではなく、一般庶民の日常生活必需品、とりわけ西洋の工業化のインパクトを受けてアジアの伝統的生活様式が大きく変化しつつあった洋式生活便宜品が主要な商品であった。ところが、これら日本雑貨品の進出は、たしかにヨーロッパ諸国にとって脅威であったかもしれないが、工業化の主流である機械制工業を規準として、日本と比較してみると、機械制工業製品との競争では日本は問題にするに足らないというのが彼らのほぼ一致した考え方であった。

時期は数年のちになるが、イギリスは日清戦争後の日本の経済事情調査のためバイロン・ブレナン卿を派遣した。その調査報告が一八九七年（明治三十年）に『日本商業事情視察報告書』として議会に提出されている。その報告書をみると、最近日本は工業国として急速に発展し、アジア市場においては欧州品を駆逐し、その余波が欧州市場に侵入する状況にあるけれども、それは石炭とかマッチ、ガラス器、洋傘といったごく一部の商品であって、これらの商品を除けば、日本は敢て外国市場において先進工業国に対し、競争を挑むに足る輸出品を殆ど何ももっていない。

それならば日本の新興綿業はイギリスにとって脅威的であるかというと、日本製綿布が多数中国に輸出されているけれども、そのために欧州製綿布が影響をうけていることはまったくない。影響を受けているのは中国製綿布だけであって、日本綿布が中国を圧倒している。というのは、中国・日本の綿布は小幅物で地質が堅く、いずれも手織綿布であるから、ランカシャーの機械製綿布とは競合しないからである。また中国綿布が日本綿布との競争に敗れたのは、日本品の方が中国のそれよりももっと価格が安いためである。日本の低廉な価格は驚くべきもので、とてもイギリスの製造業者はまねることはできない。といっても、日本綿布の輸出額はせいぜい一〇〇万ドル、これに対しイギリスの輸出額は実に二三〇〇万ドルであって、この数字をみただけでも、日本は問題にするに足りないではないか。

日本商品で競争力のあるものとして、ガラス器と洋傘をあげたが、ガラス器といっても並《なみ》製品である。ガラス器は、国内はもとより中国・インド・朝鮮・ロシア領アジアに輸出されているが、その額は四四万六〇〇〇円。一方、洋傘は主として中国・海峡植民地・インドなどへ輸出されているが、その額は二万円で大したことはない。しかも洋傘の骨はすべて外国からの輸入品であって、一本一シリングという安さからも分るように、粗悪品もいいところである。ただマッチだけは、日本製マッチが国内だけでなく中国・海峡植民地・インドその他各国市場を制覇せんとする勢いで、日本マッチ工業は西洋諸国を抑えて世界一の地位を占めるようになったといっても褒めすぎではないだろう、とのべている。

ともかくブレナン卿の日本に対する結論的評価は、マッチなど二、三の製品を除くならば、日本製品は決して欧州と競争するほどの地位に達していないし、従って恐れるほどのものではない、というものであった。

こうしてイギリス人は、明治三十年頃の日本を東洋市場における競争国になったことは認めたものの、日本を工業国とするのは盲信であり、日本の商工業の活況は、一見繁栄しているように見えるが、実は恐れるに足りない虚像である、という態度で日本をみていたのである。

日本の発展に注目していたアメリカ　こうしたイギリスの態度とは逆に、西洋諸国のなかでいち早く日本経済の驚異的発展と日本民族の優秀さに注目・称讃していたのは、実はアメリカであった。アメリカ人W・E・カーチスは、一八九五年、日清戦争後の日本を視察し、その報告を『労働省紀要』に寄せた。カーチスの観察は、日本人の積極性と優れた民族性に注がれていたのが特徴である。彼によれば、

「日本は生活必需品及び快適な生活手段の外国への依存からしだいに脱却しつつある。その優れた技術と才能とによって、外国製品に代る日本製品をつくるようになった。日本人は封建時代の鎖国政策から開放されて以後、文明国への道を模索し、その目的と手段にもっとも適当なものを諸外国から摂取した。あるものはスイス、スウェーデンから、また別のものをイギリス、ドイツ、フランス、アメリカから採り入れるといった具合に、撰択的に摂取するという方法をとってきた。日本人は一度見たものは何でもつくることができる。その天才的模倣能力には驚くべきものがある。

例えば懐中時計とか電気器具のような複雑な機械であっても、日本人は一度それを見たならば、別に教えなくても、同じものを正確につくり出し、それを動かすのである。またどんな工程でも模倣することにかけては、世界のいかなる民族よりも正確であり巧みである。その能力こそが、日本の急速な進歩を可能ならしめたし、やがて日本を世界の一大工業国に成長させるであろう」と。

当時のアメリカは、いまとちがってイギリスの後を追う後進国であり、急ピッチで工業化の階段を駆け上がりつつあった。そうした経験をへてきただけに、イギリス人には見えないものが、アメリカ人には見えたのである。つまり後進国の工業化に際し、その初期における先進的技術の模倣、ノウハウの情報収集力、その技術情報の処理能力がいかに重要であるかをアメリカ人は経験をつうじてよく分っていた。だから天才的ともいうべき日本人の模倣能力、これこそが日本の急速な進歩の根源であり、その能力がある以上、日本は世界の大工業国に成長するであろうと確信するのである。この日本人の特技である模倣力をめぐって、これを模倣だから大したことはないとみるイギリスと、模倣は情報収集・処理能力の現われとして重視するアメリカとでは、日本に対する評価は大きく分れていた。

一九六〇年代始め、ロンドン大学ＬＳＥに留学のため私は一年間ロンドンに滞在した。そのとき、私はしばしばふつうの英国人から、日本はチープ・レーバーとデザイン盗用の不公正な手段でイギリス製品を駆逐してきたと非難された。チープ・レーバーは戦前日本のイメージとして定着していたから別に驚かなかったが、デザイン盗用はあまり聞いていなかったので「具体的に何が問題であるのか」ときいてみた。すると、当時需要が伸びつつあった日本のウィスキーのラベルが、スコッチ・ウィスキーのデザインによく似ているのはけしからん、という。私はどれだけ二つがよく似ているのか詳しく比較したことがないので知らない。一方チープ・レーバーというのも、日本製の安いトランジスター・ラジオやカメラのことを指して非難していたらしいのだが、そうであるならば、「安い」のは日本工業の労働生産性が高い結果であるのに、いつまでも日本商品といえばチープ・レーバーというイメージが英国人の心にしみ込んでいるのにショックを覚えた。

そのとき私は彼らにいった。「私は実はイギリス経済史を研究している。イギリス人は忘れてしまったかもしれないが、一六世紀から一七世紀始めイギリスの毛織物工業はオランダよりも発展が遅れていた。オランダの後進国であった。やがて、イギリスはオランダの競争に打ち勝って世界一の毛織物工業国になるが、そのとき現在の日本と同じように、オランダからチープ・レーバーとデザイン盗用で非難されたのは、どこの国の製品であったのか」と。私の反論に対し、彼らからは何ら反論は返ってこなかった。私はなにも、ときにはデザイン盗用とさえ非難された日本人の模倣癖を弁護するつもりはない。まして過去のイギリスを非難するつもりはまったくない。歴史の事実は事実として、そのなかから各人はそれぞれ教訓を学びとればよいのである。

Ⅲ　中国市場における日本の情報戦略

一　日中貿易をめぐる中国商人と日本商人

鎖国時代の日中貿易　開港後、日本の輸出品の二大柱となったのはいうまでもなく生糸と茶、それにつぐ重要輸出品は海産物であった。生糸と茶の輸出先であったアメリカ合衆国が、日本にとって最大の貿易相手国であったのに対し、海産物の輸出先は中国で、従って中国はアメリカについで二番目に大きな貿易国の地位を占めていた。

開港によって始めて通商関係を結んだアメリカと異なり、中国と日本の通商の歴史は古い。鎖国時代も長崎をつうじ、相互の貿易関係が続いていた。しかし鎖国時代の日中貿易は、オランダの場合とは異なり、中国政府との間で正式に締結した協定による通商関係ではなかった。つまり自由な私貿易船による取引であった。それもかなり多くのジャンク船が来航した。とくに元禄時代以降、一八世紀をつうじ、中国沿岸諸港から毎年数十艘のジャンク船が長崎を訪れたのである。例えば正徳元年（一七一一年）、この年長崎に到来した唐船は五九艘、これらが日本へもたらした主なものは、白糸、絹織物、砂糖、染料などであった。一方、彼らが日本から輸入したものは、銅がもっとも多く、ついで銀、そして海産物、それに雑貨類であった。

永積洋子氏はオランダ側の資料から「唐船貨物改帳」「帰帆荷物買渡帳」の復元を試みることによって、鎖国時代の唐船による長崎貿易の動向と変遷を明らかにした。『唐船輸出入品数量一覧、一六三七—一八三三』（創文社、昭和六十二年）がそれである。この資料には、来航唐船の一つ一つについて、その輸出入の商品リスト及びその数量が掲げられている。それらの商品リストの変遷をみると、江戸時代二〇〇年の間、日本国内の経済発展が輸入品を国産品によって代替し、高価な商品輸入を減少する方向で展開したことが分る。

まず、一七世紀をつうじて輸入の主役は生糸であったのに対し、一八世紀中期は絹織物、その後は薬種が主役になる。その間染料と砂糖も欠かせなかったにしても、それらは一貫して脇役であった。一八世紀半ばには、輸入品の種類は多様になるが、この頃からの傾向として筆、墨、書籍といった文化の香りの高いものが大量に輸入されるようになる。ところが注目すべきことは、一八世紀末になれば、漢方薬を除くと、たいていのものは国産品で間に合うようになったことである。こうして幕末には、絹糸、絹織物、砂糖、皮革の大幅な輸入減少がめだつ。すなわち宝暦・明和ごろから良質の国産絹織物の生産が伸びたし、砂糖も讃岐の三盆白を始め国内の生産が発展したため、一八世紀末には輸入しなくても国内需要をほぼ充たせるようになったのである。だから幕末には、中国からの輸入品の主なものといえば、奢侈品が主流を占めるようになる。

これに対し、日本からの輸出品は、一貫して銅と俵物《たわらもの》が主要なものであった。中国では四川・陝西・雲南・広東などで銅を産したけれども、一八世紀始めごろに雲南諸鉱山の開発が始まるまで、その量はしれていた。これに対し当時の日本は、世界でも有数の銅の生産国で、オランダも中国もその必要とする銅の供給を日本からの輸入に依存していた。とくに中国では、日本銅が銅銭の鋳造のためにどうしても欠くことができなかったばかりか、長崎では安く、しかも大量に買入れることができたために、来航した中国船はすべて大量の銅を積んで帰ったのである。

また、もう一つ、輸出の大半を占めていたのが俵物といわれる海産物である。海産物を俵詰めにしたので俵物といわれるが、ふつう俵物といえば煎海鼠《いりなまこ》、干鮑《ほしあわび》、鱶鰭《ふかのひれ》の三品を指す。その産地は北海道で、現地で集荷して長崎へ送られてきたものである。これら三品は輸出海産物でも特別扱いされていた。唐人たちはこれらを上海、寧波《ニンボウ》、南京あたりで捌いていたといわれる。とくに需要の高かったのが煎海鼠で子供の虚弱症に特効があるといわれ、人参の代用薬としても広く用いられていた。

この他にも、中国料理に用いられた昆布、鯣《するめ》、所天草《ところてんぐさ》、鰹節《かつおぶし》、干海老《ほしえび》などの海産物があった。これらは広い意味では俵物ではあるけれども、さきの三品と区別して諸色といった。諸色のなかには、海産物のほかに椎茸、寒天、樟脳、銅製品、真鍮製品、蒔絵などがあった。幕末になると、酒、醬油、漆器、紙のほか傘や箒《ほうき》が多数積み出されている。とくに目につくのは傘である。日傘もないわけではないが、殆どすべて雨傘である。それも一九世紀始めごろから、出港する中国船は申し合わせたように傘を積んでいた。ふつう二〇〇本とか五〇〇本の単位であるが、文化六年の二番船のごときは、なんと八〇〇〇本も輸出したと記録されている。これほど多数の傘がどこから、どうして集めたのか分らないが、年間の輸出量は恐らく一万本前後にのぼったであろう。

こうして諸色品の内容は多種多様であったが、輸出全体に対するパーセンテイジは低かったといってよい。しかし明治時代以降、日本の工業化が進むにつれ、江戸時代の諸色品輸出の伝統が洋式雑貨へ変貌しながら継承されていくことを思えば、幕末における諸色品の輸出は、日本の中国市場開拓の初期段階として注目しておく必要がある。

もう一つ、江戸時代の日本貿易のパターンで、明治時代の末期までずっと持ち越されたのは、貿易の主導権を中国商人が握っていたことである。長崎貿易時代は相互に多くのモノの交易があったにしても、すべて幕府の管理のもとでの、中国人の、中国船による貿易であって、日本商人は積極的に中国人と直接交渉することはできなかった。日本商人の中国への渡航が禁止されていたのに対し、長崎の唐人屋敷には来航した中国人が多数集められ、その地域は一般日本人の出入が厳しく管理されていたけれども、一種のチャイナ・タウンを形成していた。こうした実績の違いが、開港後、明治時代のかなりのちまで影響が及ぶことになる。すなわち日清貿易は日本にとって重要な貿易であるにもかかわらず、中国商人の日本進出に比べ日本商人の中国進出がいっこうに進まないのはどうしたことか、といったいらだちの声が出てくる。そのいらだちの声がしだいに大きくなってくるのが、明治十年代の終り頃からである。

清国の日本領事館　明治五年、上海に領事館を開設したのが、中国における日本領事館設置の最初である。品川忠道が領事に任命されるとともに、鎮江、漢口、九江、寧波の兼轄を命ぜられている。同じ年に福州に領事館を開設し、陸軍少将・井田譲が領事に任命されたが、実際は赴任しなかった。福州領事館は、明治七年開設の厦門《アモイ》領事館とともに、明治七年四月の台湾出兵との軍事的関連を考慮して、台湾の対岸に近い二つの開港場に開設させたものである。だから開設時の領事は二人とも高級軍人であったという点でも特殊な地位を占めていた。台湾出兵問題が一応片づけば閉鎖される運命にあったといってよい。こうして福州領事館はいったん厦門領事館の管轄におかれたのち、厦門領事館も明治十三年に廃止されてしまう。

そうすると、明治十年代、中国に開設されていた日本領事館は、上海のほかどこに置かれていたかというと、香港は英国領であるから別にすれば、天津、牛荘《ニューチヤン》、芝罘《チーフー》、それに明治十八年に開設された漢口の五か所であった。そのうち牛荘（のちの営口）は明治九年に開設されていたが、日本人は殆どいないし、取引も少なく、従って外国人を名誉副領事あるいは名誉領事代理として置いていた程度であった。芝罘も同じく明治九年に領事館を開設し、始めは名誉領事代理として外国人を任命した。しかし、明治十六年から日本人を領事代理に任命するようになったことからも分るように、その頃から日本商人・商社が進出し始めていたところである。

ともかく領事館がまず中国の開港場に設置され、それとともに日本商人が進出するというのが、中国大陸市場の開拓にのり出したときの日本のパターンであった。

芝罘と上海の日本商人　それでは果たして日本商人及び日本商社の進出振りはどうであったか。その動向についての資料は、明治十七年十二月末現在で外務省が海外の邦人商店を調査したのが最初である。それによれば清国では芝罘と上海の二か所だけが掲載されている。

芝罘では商業に従事するもの三名

藤谷徳太郎　山口県出身　三十歳
大高佐市　長崎県出身　二十九歳
高橋藤兵衛　長崎県出身　三十一歳

上海では、四九名。その内訳は、

（1）貿易商

広業洋行　鶴田幸吉　（東京府　四十七歳）　明治九年八月開業
三井洋行　上田安三郎　（東京府　三十歳十か月）　明治十年十二月開業
大倉組　赤羽定教　（東京府　二十七歳九か月）　明治十六年八月開業

（2）陶漆器店

田代屋　金子健次郎（長崎県　四十一歳十か月）明治二年三月開業
　　　藤井弥九郎（長崎県　年齢不詳）明治十六年三月開業
（3）諸物産委託販賣荷物運搬
崎陽号　上野光太郎（長崎県　十九歳）明治五年一月開業
（4）汽船会社
三菱会社　インド・ドイル（東京府）明治八年二月開業
その他、楽善堂（売薬、書籍）、修文書館（活版）、茶店、理髪店などに従事する個人を含め、合計四九名であった。

このように明治十七年においても、日本商人の中国市場進出は芝罘と上海だけで、それも貿易商の体裁をもっていためぼしいものは三井洋行、広業洋行、大倉組といった、二、三の商社に限られていた。ただ藩政時代に長らく清国と通交を続けてきた長崎県人が、まっ先に中国大陸へ渡り、橋頭堡的役割を果たしていることは注目に値する。しかし彼らがその後どの程度成功したか。一代で築き上げた事業をどのように後まで発展させたかという点になると、多くの場合、後継者や組織の問題で困難な立場に立たざるをえなかった。しかも強固な同族的・地縁的団結と国際通商の経験豊かな清国商人が相手では、経験と実績の乏しい日本商社は決して楽な商売ではなかったどころか、なかなか中国社会に入りこむことができなかった。

明治十七年の日本商人調査につづき、明治二十二年の調査資料が残っている。それをみるとわずか四、五年のことではあるが、この間に起った変化には注目すべきものがあった。その変化の一つは、日本人の進出が明治十七年から二十年頃を境にぱっと拡大したことである。そのことを資料によって、開港場別に見てゆくことにする。

在外の日本商社及日本商人の公式調査　そのまえに、ここで使用する明治二十二年の調査資料について ひと言ふれておきたい。私の利用した資料は主につぎの二つである。一つは、さきにのべた明治二十一年十二月二十八日付で、外務次官・青木周蔵から世界各地三四か所の領事館へ調査を依頼し回答のあったもの。調査対象は「本邦人ノ其地ニ於テ商店ヲ開設シ、現時商業相営ミ居ル者ノ店号、氏名、住所及営業ノ種類ヲ記シ、并ニ右商社支店ニ於テハ邦人ヨリ商品販売ヲ委託シ若クハ諸物品購入方依頼アルトキハ之ヲ引受ク可キヤ否ヤ及ヒ之ヲ引受クヘキ相当ノ資格ヲ有スルヤ否ヤ」であった。因みにこの調査は、在外日本商社及び日本商人について、政府がグローバルなスケールで公式に調査した最初のものである。

もう一つは、町田実一の『日清貿易参考書』(明治二十二年)。これは漢口駐在領事・町田実一が日清貿易の振興をはかるため、独自の立場から調査した資料をまとめて出版したもので、準公式調査とみてよい。

二つの資料は殆ど変らないが、上海の在留日本商社・商人については、前者の資料は四店をあげているだけで、あまりにも簡単すぎるのに対し、後者の資料ではかなり長い商人リストをつけているといった具合である。

そこでまず目につくのは、明治十七年以降、新しく天津、福州、漢口に開店するなど、日本商人のめざましい進出振りである。と同時に折角進出した商人が、三、四年のうちに閉店していることである。

天津には、開店した商人八店、そのうち明治二十一年末に現存していたのは、わずか半分、つぎの四店にすぎなかった。

このうち三井洋行は天津の器機局（造兵司）の需要に応じて、銅などの軍需物資を売り込む商売をしてきた。そうした実績はあるにしても現地の商人と直接取引するにはまだ経験が乏しい。だから茶、

商店と所有者	開店年月	営業の種類
三井洋行（英租界） 持主　三井物産	明治十七年十月	委託及び受託販売
松添洋行（仏租界） 持主　松添卯兵衛（大阪市）	明治二十年二月	日本茶・銅・海産物・雑貨
武斎号（仏租界） 持主　竹内才吉（大阪市）	明治十九年五月	日本雑貨及び写真
積慶堂（仏租界） 持主　勝野啓助（大阪市）	明治二十一年六月	日本茶・海産物・薬種・雑貨

海産物、雑貨などの販売並びに諸物品の購入にはなお不慣《ふなれ》である。

一方、松添洋行の店主・松添卯兵衛は、元来は大阪商人で、大阪・長崎において清国商人に茶や寒天の売り込みを専業としてきたが、最近天津に渡ってきた商人の一人である。ここにおいても茶、寒天、その他海産物、雑貨の販売に従事しているけれども、開店後なお日浅く、まだ当地の事情に通じていない。しかしそのうちに経験を積めば販売及び購入の委託を受けるに足る商人に成長するであろう、と領事報告はのべていた。

困難であった日本商人の中国進出　芝罘（煙台ともいう）は山東半島の北東端にある港である。渤海湾の入口にあり、黄海に臨み、北は遼東半島と対面している。一八五八年の天津条約によって開かれた港で、のち青島、大連が開港するまで、山東唯一の外国貿易港として開かれていた。港としては良い条件にあるが、後背地の交通に欠けるのが難点である。ここに日本領事館が開設されたのは明治九年であるが、日本人の領事代理が任命されたのは明治十六年になってからである。

明治十八年ごろから日本商人が現われるが、明治二十一年八月現在では、高橋藤兵衛、林昌雄（上海三井洋行出張員）、松田文吉、別府新三郎の四人の名前があがっている。高橋藤兵衛ははじめ船員宿を営んでいたが、そののち回漕その他委託品販売や、入港する船舶への物品売り込みなどを営むようになった。松田文吉は、大阪松添商店の出張員で、主として茶、寒天などを売り捌いていた。雑貨販売の別府新三郎とともに、開店したばかりの新参者でまだ海のものとも山のものとも分らなかった。

というのは、明治十七年の調査で名前があがっていた三人のうち、大高佐市、藤谷徳次郎の二人は、船舶へ米穀などの売り込みをしていたが、明治十九年七月に閉店し、姿を消しているからである。現地で根を下ろすのがいかに困難であったか、という一例である。

福州はさきにものべたように、厦門とともに、台湾出兵のときに一時領事館を開設していたが、その必要もなくなった明治十三年に廃止された。しかし明治二十年になって領事館が再開され、副領事代理に上野専一が任命されたのは、日本商人の進出と無関係ではなかった。

福州は福建省の省都で、古くから海港として知られ、ヨーロッパでは茶の積み出港としても知られていた。南京条約（一八四二年）で開港された五港の一つである。イギリス人は早くから進出していたけれども、日本商人の進出は明治十七年末の楽善堂の出店が最初である。明治二十一年九月現在における日本商社は左の五社であった。

	開店年月	営業の種類
楽善堂	明治十七年十一月	売薬及び書籍
盧山軒	明治十九年十月	写真師
大阪洋行	明治二十一年二月	雑貨
三井物産会社	明治二十一年二月	一般の商業
錦芝洋行	明治二十一年三月	陶漆器及び雑貨

福州のほか、漢口には明治十七年十二月に開店した楽善堂が、同じく売薬と書籍販売でひとり営業していただけで、広東にも牛荘にも日本商人の進出はみられなかった。ともかく広大な中国大陸のことであるから、開港場のどこに拠点を設けてよいのかという情報もないまま、血の気の多い若ものが大陸沿岸の港町に三々

五々、日本の雑貨や海産物を肩にかついで、手さぐりさながら出稼ぎに出かけていたというのが実状ではなかったか。

そうした状況のなかで、もっとも多く日本商人が集まっていたのが上海である。上海には明治十七年の調査で大小の商社・個人営業も含め四九名の名前があがっていたが、明治二十二年の町田実一の『日清貿易参考表』では二五名となっている。四九名から二五名への減少からも分るように、上海でも商人・商社の有為転変がいちじるしかった。さきに掲げた明治十七年の商人リストについても、その後閉店したものが二店ある。一つは大倉組で明治十八年に閉店、撤退、もう一つは明治十九年に閉店した上野光太郎の崎陽号である。

崎陽号の場合は、いまの言葉でいえば、古いしにせの倒産に当るであろう。というのは、崎陽号は明治五年の創業で、上海でも、田代屋と並んでもっとも古い日本商社だからである。元来長崎県庁の保護をうけ、上野弥七郎ほか三、四人の組合で設立したもので、陶漆器や小間物の販売を営んでいた。それが倒産閉鎖せざるをえなくなったのは、上野が明治十九年夏に死去し、後継者がいなかったからである。県庁の保護がどの程度のものであったのか、また保護がその頃まで続いていたのかどうか不明であるが、県庁の後援があっても事業の継続は容易ではなかったことが分る。

そうしたなかで比較的順調に営業していたのは、三井物産、及び三菱会社と合併した郵船会社ぐらいで、個人商店としては楽善堂のユニークな営業が注目を集めていた。福州や漢口に売薬と書籍で拠点を拡大しつつあった、かの楽善堂である。楽善堂はつぎにのべるように、日本の中国大陸経綸において蔭の立役者の役割を担うべく運命づけられる。だからここでかんたんに楽善堂の歴史にふれておきたい。

岸田吟香の楽善堂　楽善堂の創設者は岸田吟香（一八三三―一九〇五年）である。岸田吟香といってもいまは知る人も少ないが、洋画家・岸田劉生の父であるといえば頷く人もいるにちがいない。吟香は津山藩の出身、若くして江戸へ出て林図書頭の塾、ついで大阪で緒方洪庵の適塾で蘭学を修めた。一八六四年、横浜でアメリカ人医師J・C・ヘボンの『和英語林集成』の編纂に協力、六六年（慶応二年）その辞書の印刷のため上海に渡航した。だから彼は上海を訪れた、もっとも初期の日本人の一人である。彼は校正のかたわら、書家や画家など中国の知識人と交友を深め、中国の事情を調査研究する機会をえた。こうして九か月にわたる上海滞在が、その後の彼の人生を大きく変えることになる。

また彼は、その頃アメリカ帰りの浜田彦蔵（ジョセフ・ヒコ）らと日本最初の新聞『海外新聞』を発行、六八年にはアメリカ人ウェン・リードと共同で『横浜新報―もしほ草』を発刊するなどによって、新聞界の草分けとして知られている。しかし七七年には新聞界を離れて以後、ヘボンから伝授された目薬〈精錡水〉を製造販売するため、銀座に楽善堂薬舗を開業した。これが楽善堂の始まりである。目薬のほかに書籍販売も手がけ、新聞広告など当時のニューメディアの宣伝媒体によって成功をおさめた。その勢いにのって、かねての念願であった清国進出にのり出したのが明治十一年、彼は上海の英租界の一角に楽善堂支店を開設した。

楽善堂の〈精錡水〉は上海で意外な好評を博した。どうして〈精錡水〉が好評を博したのか。それはトラホームや結膜炎など眼の病を患いながら、近代医学や医薬に恵まれない多くの貧しい中国人大衆の存在、その彼らの願望に合った眼薬が〈精錡水〉であったことに因る。しかしそれだけではなく、岸田が知識人の間で広く顔を知られていたという彼の信用が大きく働いたためである。同じことは、彼の現地での書籍の出版・販売についてもいえる。例えば彼が出版してベストセラーになったものに、『諸子百家』の袖珍本、一種の新書版がある。当時、中国の本は木版の大字による印刷が一般的であり、従って本は大型になり、携帯に不便であった。それを彼は銅版細字の印刷によって小型の縮刷版にした。それが科挙の試験をめざす数十万人の読者に歓迎され、ベストセラーになったというわけである。

このように彼は中国の民衆の心をつかみ、彼らが真に何を欲しているかを知った上で、彼らのニーズにあったものを提供した。だから彼は成功したのである。また彼は中国人社会のなかへ入り、彼らと交友を深めるとともに人間的信用を築き上げたことが、商売の成功を導いたのである。明治始め以来、数多くの日本人がさまざまな品物や特産物を携えて渡航してきたにかかわらず、多くは成功空しく撤退していかざるをえなかったことを顧みるとき、どこに失敗の原因があったかは、岸田の成功と比べておのずから明らかであろう。

しかし岸田の楽善堂は決して自己の商利のためだけではなかった。岸田は日中の経済提携と中国の開発という、大きな夢の構想を抱いていた。そこがふつうの商売人とは、ひと味もふた味も違っていたところである。

中国に長く滞在していた岸田は、当代きっての中国通に成長していた。中国の事情を知れば知るほど、日本朝野の中国の認識・理解不足、情報不足を痛感した。そこで彼は商業を営むかたわら、日本商人の上海進出、日中貿易の振興に資するため、現地で得た上海の経済事情を『横浜新報』紙上に紹介し、また日中貿易にかんする詳細な資料とそれにもとづく意見書を政府に提出するなど、彼の活動範囲は一介の商人の範囲を越えるようになった。

そうした活動をつうじ、彼自身痛感したことは西欧勢力の着々たる中国への浸透であった。その実状を観察するにつれ、アジアはこれでよいのか、日本の将来はどうなるのか、ということを真剣に憂慮するようになった。そのためには日中提携の必要と、人材の養成こそが当面の急務だと考えた。彼はこうして志を抱いて大陸に渡来した日本の志士、青年たちの面倒をみたため、楽善堂はそうした若ものたちのたむろする場所でもあった。

中国商人の日本進出　ところで右にのべたところが、明治初めから二十年頃までの日本商人の中国市場進出のあらましである。過去にまったく実績のなかった日本商人が、二十年かかってやっと築いたのが上海の一角、あとは天津、芝罘、福州の橋頭堡程度であり、商人の進出といっても三井物産のほか、めぼしいものは二、三を数えるにすぎなかった。

在日中国商人　明治四―二十一年

	累積総数	閉店	現在
東京	一二四	七九	四五
横浜	不明	不明	一五七(?)
神戸			五六
大阪			五一
長崎			八四
函館	一一	三	八
新潟	四	四	〇

　ところが、これに対し中国商人の日本への進出は、明治四年（一八七一年）の修好通商条約締結による日清国交樹立以来、めざましいものがあった。彼らの日本における在留地は、東京、横浜、神戸、大阪、長崎、函館、新潟の各開港場であった。明治二十一年までの来日中国商人の屋号・氏名、開店年、営業の種類、原籍を含む商人リストが町田実一の『日清貿易参考表』に掲載されている。この商人リストは明治二十一年七―九月現在で政府の調査によって作成されたものであるから、ほぼ来日中国商人のすべてを可能な限り網羅したものとみてよい。残念なのは東京、函館、新潟を除き、開閉店年が不明なことで、従って横浜、神戸、大阪、長崎については現在員しか分らない。しかし一応各開港場の中国商人の数字は右のようになっている。

　この表にみる限り、中国商人の日本への進出振りは、日本商人の中国への進出と比べて桁《けた》ちがいにめざましい。しかも中国商人の店舗はふつう数人の共同経営者、あるいは店員から構成されていたから、実際の在日中国商人の数は、この店舗数に何倍かを掛けたものと考えてよい。さらに日中商人の最大のちがいは、営業の方法である。中国商人は出身郷党別にかたまって、強力な連帯組織を結成し、それぞれの集団が互いに競い合って商売するという方法をとっていた。主として福建、広東、三江の三大集団に分かれ、それぞれ公所《こうしょ》（同郷友誼団体とその事務所）を設けることで、責任自治体制を敷いていたのである。彼らの営業の種類も日中貿易が中心ではあるが、すべてが貿易商であったのではなく、両替商のほか居留民相手の裁縫仕立業、製靴業、荒物商、料理店、理髪業など、また日本人顧客相手の行商まで、実にさまざまな営業に従事していた。こうして居留地を拠点として商圏の範囲をしだいに日本国内に拡大しつつあった。

これに対し、日本から中国への最大の輸出品であった海産物の輸出を、何とか日本商人の手にとり戻したいというのが政府の願望であった。そのために政府は明治五年、資本金一〇万円で「保任社」を創設、取扱所を函館と大阪に置き、上海には委託販売に当る「開通社」を設けた。「保任」というのは、自前で経営できるまで、資本や運輸関連経費を政府に頼るという意味である。こうして政府の援助で、函館と東京、大阪間に定期航路が始まり、上海への直輸出が実現した。しかし「保任社」は明治七年、一年七か月で解散に追い込まれた。その主な原因は、直輸出のルートができたというので、北海道で昆布を採り過ぎて生産過剰になり、上海での滞貨増大、価格暴落で倒産したためである。

そこで体制を立て直し、函館海産物の対中直輸出会社をつくったのが、さきにもふれたように明治九年十月、資本金六〇万円の国策会社「広業商会」である。函館に本店を置き、根室、東京、大阪、長崎に出張店を設け、中国には上海、のちには香港にも支店を配置して、直輸出、委託販売にのり出した。営業は順調な滑り出しで、明治十四年までは昆布の輸出において中国商人を凌駕する状態であったが、その後は急速に輸出が減少、中国商人との競争に敗れて、これまた解散せざるをえなくなった。その原因は「保任社」の場合と同じく、生産過剰と滞貨による値崩れにあったが、実は上海まで運送したものの、そこから先の国内市場は中国商人の支配する複雑な流通機構に阻まれ、容易に入ってゆけなかったためである。

二　市場戦略における通商情報と軍事情報—荒尾精の「日清貿易研究所」—

日清貿易の拡張案　こうして日本商人の中国市場進出が大きな壁に直面していたなかで、この困難さをどのように克服すべきかが、明治二十年頃の日中貿易の最大課題であった。

そうしたなかで漢口領事・町田実一から外務大臣に明治二十一年三月、「日清貿易ヲ拡張セシメ度ニ付意見」が提出された。町田領事は明治十八年十月に、香港から漢口に転勤してきた中国通の領事の一人である。因みに漢口領事館は明治十八年五月に設置され、初代領事に南貞助がいったん任命されたにもかかわらず、任地に赴任する暇もなく、同七月には香港領事に転勤になり、代って香港から町田実一が漢口領事に任命されたといういきさつがある。こうしてみると、町田実一は事実上初代漢口領事といってよい。

ところで、外務省外交史料館に保管されている町田の「意見」によれば、彼が意見を具申するに当り、日本商人の苦しい状況について相当深刻に熟慮した結果、提出されたものであったことが分る。彼は「意見」を上申したいきさつを、つぎのようにのべている。

「……聞ク処ニ拠レバ明治九年巳来鋭意勉強漸ク清人ノ信用ヲ得シ広業商会ハ近年業務退歩シ、亦本省ニテ御信用相成度東亜貿易会社ノ如キモ結果思ハシカラサル由、果シテ実事ニ候ハバ清商ノ我商ニ対スル信用ニ関スル事大ニシテ甚ダ遺憾ノ至ニ候、依テ小官初メテ渡清以来十余年間ノ見聞ニ基キ既往ノ景況ト将来ヲ熟考スルニ昨年機密信第一号ニテ上申至シ通リ真ニ日清間ノ貿易ヲ盛ナラシメンニハ能ク前後ノ事ヲ注意シ極テ堪忍強ク支那人ト同様ニ艱難辛苦ヲ厭ハザル者ニ非レバ勝算無キモノト存ジ……」と。

政府が長い間もっとも力を入れていた広業商会の事実上の挫折が、町田にとってもっともショッキングな事件であった。広業商会が駄目になったとすれば、従来とってきた方法を根本的に反省し、新しい現実的・効果的な方策で対応する必要がある。こうして彼は第一条から第四条まで、四項目の提案を進言する。

一、通商局長の中国の現状視察

二、日中貿易の人材養成のための留学生の派遣

三、漢口における商品試売所の設置

四、試売所担任者のこと

要するに、長期的には日中貿易に従事する人材を現地において養成することが必要であり、一方当面の具体的対策としては、中国市場の重要拠点である漢口に、民間の篤志家から一〇〇万円の資本金を集め、それを基金として試売所を設置するとともに、差し当り五年間試売の研究をしたらどうか、というものであった。

漢口を拠点とする調査活動　この町田「意見」は、従来の政府がとってきた対清貿易政策と真向から対立するものであり、一八〇度の転換を迫るものであった。そこにはとくに国策会社的官主導型の市場開拓方式から、民間主導型の人材養成・試売所方式への転換という、きわめて大胆な政策転換構想が打ち出されていた。

いったい町田をして、こうした政策構想を敢て上申せしめたものはなんであるのか。

たしかに町田は香港、漢口の領事館勤務をつうじ、中国の現状をよく知っていたということもあろう。しかし彼の「意見」の背後には、実は漢口を中心に既に着々と活動し始めていた民間勢力と結託した別の勢力の動きがあったのである。その中心的人物は、さきにのべた岸田吟香であり、彼のもとに集まった荒尾精のグループである。彼らが漢口において何を企てつつあったかをのべる前に、岸田と志を同じうし、岸田を頼って明治十九年大陸へやってきた当時二十八歳の青年、荒尾精という人物について、その前歴をみておくことにする。

荒尾精という人物　荒尾は安政六年（一八五九年）尾張藩士の家に生まれ、幼いときから大志を抱く。十二歳のとき外国語学校に入りフランス語を学ぶかたわら、撃剣を学び漢籍を習い、寸暇を惜しんで勉強に励む少年であった。明治十年の西南戦争に感ずるところがあり、翌十一年、陸軍教導団砲兵科に入る。十二年卒業して軍曹になり大阪鎮台に勤務。十三年陸軍士官学校に入り、十五年卒業して陸軍少尉に任官、ときに二十四歳。その頃韓国漢城に政変が起るが、同国を属国として宗主権を主張していた清国の問題が日本でもさかんに論議された。荒尾は一少尉の身でありながら、ときの陸軍大臣・大山巌に面会して、東亜の大策を献言するなど、清国問題に情熱を燃やす青年将校であった。

しかし彼の中国への関心をいっそう高めるようになるのは、十六年熊本鎮台に赴任してからである。九州は中国大陸に近く、明治初年以来、商人・留学生など渡航者を多く出しているところで、とくに熊本は明治十四年早くも大陸に渡った佐々友房・宗方小太郎（ともにのち荒尾と行動をともにする）らを生んだところである。荒尾がここでもっとも影響を受けたのは、第一次遣清留学生出身の御幡雅文で、御幡から中国の事情をきき中国語を学ぶ過程で、中国渡航の決意がしだいに固まってゆく。

その間彼は熊本市内の青少年の指導薫陶にも力を注ぎ、その人柄、学識は彼のカリスマ的魅力と魁偉な容貌と相まって、青少年の尊敬を集め、西郷隆盛とならぶ人気者になったといわれる。彼の周辺に多くの同調者が集まるようになったのもその頃である。

明治十八年、荒尾は参謀本部支那課に転任、同部にいること一年、翌十九年には官命により、現役のまま清国に派遣されることになった。ここでやっと念願の大陸への渡航を果たす。まず上海にゆき、そこで岸田吟香と交を結ぶ。ときに荒尾は二十八歳、岸田はすでに五十歳を越えていた。

荒尾は岸田に抱負を語る。アジアの将来を憂い、日本商人の進出遅々として進まない現状をいかに改革すべきか、語り合ううちに二人はともに志を同じうするものであることを知った。そして岸田は及ぶかぎりの援助を約した。

こうして荒尾は、岸田が既に揚子江の上流、九省の中心地漢口に開設していた楽善堂支店を、活動拠点として使用する便宜を与えられる。楽善堂漢口支店は明治十七年十二月に開店以来、〈精錡水〉などの薬材や書籍を販売していたが、十九年八月から荒尾の意向によって、日本から物産をとり寄せ、その委託販売も兼業するようになる。身を商人に扮したのは、荒尾らの本来の任務である中国の実態調査のための資金を賄うためであったが、同時に諜報活動を中国官憲の注意から免れるためであった。上海を中心とする揚子江流域への日本商人進出の機会をさぐることは、中国に迫りつつあった欧米列強に対抗して、清国を治め東亜を興さんとする彼の野望の軍事戦略と密接に絡んでいたのである。つまり市場調査が軍事的スパイ活動と一体であったことが、この地域における彼らの調査活動の特徴である。

荒尾の市場調査＝諜報活動　荒尾と志を同じうするもの三十数人が彼の周囲に集まってきた。彼らはすべて中国人と同じく弁髪をつけ、中国服をつけて中国人に扮装し、中国人大衆のなかへ入っていった。当時の中国では、外国人に対する反感と猜疑が強く、わが領事館の援助や保護も受けられない、広大な交通不便な未知の内地へ奥深く入ってゆくことは、危険を伴う困難な活動であった。調査範囲はそれぞれの分担に従って、北京、黄河、揚子江流域はもとより、南は広東、広西両省、西南では雲南、貴州、巴蜀に入り陝西を巡り、北は蒙古、伊犂に入り、あるいは渤海を渉って満州の広野に赴く。調査対象は、地勢・景観、関塞の要害、風土気候、人情風俗、農工商の現況、水陸物資の多寡、金融、運輸、交通の概況など、実地調査と資料調査の両面から行なっている。

その間、あるものは雲南の奥地で病気に倒れ、揚子江の群盗に襲われ、苗族に捕えられようやく脱出したもの、また獄につながれ死刑一歩手前で生命が助かったものなど、その労苦は想像を絶するものであった。ひとり伊犂に赴いた浦敬一、四川から雲南に入った広岡安太は、ともに行方不明となりついに帰らなかった。

このようにして生死をさまよいながら苦労して調査した成果は、一部は明治二十二年四月に帰国した荒尾によって、参謀本部に復命書として提出され、他方、彼によって創設された日清貿易研究所から『清国通商総覧』二冊の大部の書物になって、明治二十五年に出版された。これは日本人の手になる最初の中国大陸の本格的情報調査である。

町田漢口領事の構想と荒尾精　ところで、明治十八年七月漢口駐在領事として赴任してきた町田実一は、楽善堂漢口支店を拠点として荒尾精らのグループが、いったい何を画策し、どんな行動をとっていたか、逐一目撃して知っていたはずである。いや、それどころか、荒尾から相談を受け、ときには適切なアドヴァイスを与えるなど、あるいは深く関わっていたかもしれない。

そうした漢口を中心に急速に展開しつつあった中国における新事態の推移を顧みるとき、町田が「日清貿易ヲ拡張セシメ度ニ付意見」を敢て政府に上申せざるをえなかった事情がおのずから分ってくる。しかも彼の第一条から第四条までの四項目の提案のうち、まず通商局長に中国の現状視察を要請しているのは、中国とりわけ漢口を拠点に行なわれていた市場調査を兼ねた軍事的諜報活動の実状は、領事として報告に載せるには、軍の機密に属することでもあり、かなり権限の範囲を越えていたからではないかと想像される。荒尾らの行動は、その判断をとりあえず局長の現場視察によって仰がざるをえないような新事態として、町田の目に映ったのであろう。

その軍事的情報収集にかかわる側面を別にすれば、町田としては、岸田、荒尾らの方法から大いに学ぶべきものがあった。それは岸田吟香の楽善堂が商店でありながら、なおかつ中国で商売するための教育訓練の場になっていたことである。日清貿易を拡張するためには、楽善堂のような中国の消費者大衆の中に入り、彼らから親しまれ愛される商店が多数育つことが望ましい。そのためにはそれに適《ふさ》わしい人材を現地において養成することが必要である。町田が第二条において留学生の派遣を提言しているのは、現代われわれが想像するような、中国の特定の大学へ研究のために派遣する留学生を意味するのではなく、現地において実践的な商業実務や中国語を学ぶとともに、地勢風土から人びとの生活や風俗習慣、金融、交通など、実地の見聞をつうじて学習することを意味した。町田がそうした人材養成機関としてどういう構想をもっていたかは分らないが、のちにものべるように、その構想は荒尾精による上海の日清貿易研究所として実現したことを想うと、町田の提案は荒尾の構想と相互に緊密な糸で結ばれていたことは疑いない。

さらに第三・第四条において、漢口における商品試売所の設置及び試売所担任者について進言しているのは、漢口における岸田、荒尾らの実績をふまえた上でのことであろう。しかし町田は、軍部の介入に決して賛成していたわけではない。それどころかむしろ貿易の拡張、商業の発展のためには、軍事的戦略や目的から自由な、民間の機関として試売所を設立すべきであると考えていた。そして試売所を担当するものについては、目下清国にいるもののうちから適当なものに担当させることを考えていた。恐らく彼には心当りがあったのであろう。

なお、町田の「意見」書には、四項目の提案につづいて、彼の中国経済事情の報告とコメントが「商況及意見」としてのべられ、さらに付属資料として「日清貿易参考表」が添えられていた。この「日清貿易参考表」は、町田が努力して収集した日清貿易に関する諸統計類及び清国の対外貿易統計を編集・整理したもので、この種の統計としては日本最初のものであった。この部分は翌明治二十二年に印刷され公刊された。さきにしばしば引用した町田実一の『日清貿易参考表』は、元来彼の「意見」書の付属資料として添付されたものを、分離し公刊したものである。だから町田としては、たんなる思いつきの意見具申であったのではなく、準備に準備を重ね、周到な資料調査をふまえた上での行動であった。

それでは、これに対する本省の反応はどうであったか。町田への返書の原文は見出せなかったが、町田の「意見」の原文に朱筆で返書の原案と思しきものが、項目の余白に記されている。それによると「局長の視察は必要であるが、目的なしの視察は不要」とか、留学生派遣の件については「商業学校等において修学したる者、この任に当るべし」といったことが記されていて、直ちに町田の意見が入れられなかったばかりか、むしろ本省の反応は冷やかであったと思われる。

そうした状況のなかで、町田の構想は、いまや軍籍を退き一民間人となった荒尾の手によって、着々と実現へ向かって進んでいた。

日清貿易研究所の設立　荒尾は明治二十二年四月帰国し、直ちに清貿易研究所を上海に創設する計画に着手した。彼がどうして軍務から身を引き、日清貿易の振興のために身命を捧げる決心をするに至ったか。それは軍備を拡張し、わが国威を発揚するにしても、その基礎は商工業の発達を謀り、貿易を振興して経済力の充実につとめるほかない。そのことを三年間の中国滞在の経験から身に沁みて感じたためである。

彼は二十二年十二月、博多において行なった演説のなかで、つぎのようにのべている（井上雅二著『巨人荒尾精』三八頁以下）。

「外国には対等の力を有し、我国威を拡張するには、商工業の発達を謀り、外国より金銭を引入るるの手段に越す者あるべからずと考えつき、……遂に軍人社会を脱し、商工業者の御仲間入をして、商工業の周旋役とは身を変じました……」と。

そして日本の商工業を興す道はというと、生活水準が高く、風俗習慣が異なる欧米諸国と通商貿易を試みても、決して利益を期待できず、これに対し風土人情が類似している隣の中国との貿易こそ、これからの方向でなければならない。「然るに従来我国人にして、中国貿易に関係せしものなきにあらざるも、一人として其利益を博したる者とてはなく、大抵失敗破産の淵に沈み、日清貿易に従事するものは、早晩敗北の覚悟なかる可からずと云うの有様」であった。そこで荒尾はどうしてそうなったかを研究するために、つぎの三つの問題をもって中国へ渡った、という。

その三つの問題というのは、一つは日清貿易に従事した人は、どうしてこのような失敗を招いたのか、第二には、中国商人の技能は果たしてどの点でわが商人よりも優れているのか、第三には、過去の失敗を将来にとり戻すのにはどうすればよいのか、ということである。

ところで、第一の問題、つまり従来日清貿易に関係した日本人が一般に蹉跌《さてつ》した原因は、中国人と直接貿易するに適当な資格をもたない商人たちであったためである。中国の財貨の取引はすべて金銀塊を削って、その量目によって融通する慣習であるから、商業をするためにはその金銀塊の性質から鑑定してゆくだけの眼識が必要である。また度量衡も複雑であるから、取引に際しての駆引きとか、その風俗習慣から通訳との対話にいたるまで、充分心得ていて、始めて商売ができるわけである。そんなことを弁《わきま》えずに、中国人を雇って中国人任せで商売したりするものだから、往々にして雇人に裏切られたり、言語の誤解から失敗するのである。

第二の問題は、中国商人が優れているかどうかというよりか、日本商人が自分一人の私利に眼が眩んで、公益を顧みず、一時の儲けのために彼らに安売りし、そのために価格の均衡を崩してしまう弊害のほうが大きいのである。

第三の問題は、従来の失敗をどうしてとり戻したらよいかということであるが、結局のところ過去における失敗の原因が、日本商人に適当な資格がないことが最大の原因である以上、今後の課題として充分な資格をもった人物を養成する以外にない。その場合、ある人は上海に商業学校をつくることを主張するけれども、学校を卒業すればよいというものではなく、あくまでも実地に当り、現場において苦労しないと役に立たない、と説く。

こうして彼が打ち出した対清貿易振興案が、「日清貿易商会」の設立構想である。

その構想は、まず上海に「日清貿易商会」という大商社を設立し、清国二五の開港場に支店を置いてたがいに連携し、さらに日本国内の各商工業者と連結して、貿易の振興を計ろうとするものであった。それには、その任に当るにもっとも適当な人材を必要とするから、貿易商会の側に「日清貿易研究所」を附設して、清国の事情に通じた有為の人材を養成することにした。定員約三〇〇人、修業年限三年、その間実際の商取引に従事するほか、中国語・英語を学び、金銀銅の鑑定、度量衡の使用、各地の人情風俗から販売の駆引に至るまで、実地で練習する。三年修了後は、なお一年間中国各地、要港などの視察、及び日本物産の販路の調査に当らせる。その上で修了免状を与えられるが、その取得者は軍役免除の特典を与えられる場合がある、としていた。

こうして日清貿易の直輸出入に従事する人材を養成し、それが実際成功したときには、それよりさらに一歩進め、亜細亜貿易協会を設立し、これに亜細亜貿易研究所を附属する計画であった。その設立の手続きは、日清貿易商会及び日清貿易研究所の場合と同じであるが、違うところは、研究生を日本人だけに限らず、ひろくアジア各国、すなわち中国・朝鮮・安南（ベトナム、カンボジア、ラオス）・シャム（タイ）・ビルマ・インドなどから優秀な青年を募って養成する点にあった。養成期間は同じく三年、その間アジア各港の輸出入の調査、各地の物産研究などに従事し、卒業後始めて各国に設置される亜細亜貿易協会の支店で貿易に当る。各地の支店には必ず日本人一名を派遣し、その国の研究生とともに行動させることによって、殖産興業の発達と日本の国威を海外に示す、というものであった。

荒尾の夢はこうして中国からアジアへと拡がる。彼は自らの夢に酔うロマンチストでもあった。

この荒尾の「貿易商会」と「貿易研究所」の二本立て構想は、町田「意見」と比較すれば、それがいかに雄大なロマンに充ちた貿易振興案であったかが分る。それだけにその実現には一私人の能力を越えるものがあった。

何はともあれ、構想の実現に情熱を燃やす荒尾は、貿易商会設立の資金集めに、全国各地を遊説して廻った。しかし一般の低い中国認識のため、資金の調達はきわめて困難であった。そこで商会の設立は後日にゆずり、まず人材養成のための日清貿易研究所の設立に努力を注ぐことにした。

こうして山県有朋首相以下、松方正義蔵相、岩村通俊農商相らの賛同をえて、明治二十三年東京の京橋木挽町に仮事務所を開設し、研究生の募集を開始した。全国各地からの応募者約三〇〇名、そのうちから身体強健・頭脳優秀な青年約二〇〇名を選び、同年九月横浜を出発して上海に至り、仮校舎で開校の式典をあげ、日清貿易研究所の実現にこぎつけた。

『清国通商総覧』——世界最初の中国総合情報

日清貿易研究所が設立後最初にあげた大きな成果は、『清国通商総覧』の出版であった。さきにものべたように、本書は明治二十五年八月の出版で、二冊から成り、それぞれ六〇〇頁と一〇五九頁、合計一七〇〇頁近くに及ぶ大著である。

本書出版の趣旨は、こうである。明治二十四年、第三回内国勧業博覧会が開設されたのを機会に、清国との貿易を振興するため、荒尾らを中心に東京に日清貿易研究所ができた。そこで貿易品のことや、貿易に必要な事項、あるいは将来の方針などを討議したが、それらをまとめて広く世人の参考に供せんとしたのが本書出版の趣旨である。

その内容はあまりにも広い範囲に及ぶので、かんたんに紹介するわけにはいかない。そこでつぎに目次を掲げておくから、それを参考にして内容を推測していただければ幸いである。

第一門　商業地理
（1）総説（2）十八省の省毎の面積・人口、気候、風俗、物産の概況（3）二五港、附香港（4）気候（5）風俗（6）教育（7）宗教
第二門　庶制
（1）政体（2）歳出入（3）塩政（4）茶制（5）農田（6）鉱山（7）新海関（8）旧海関（9）釐金税（10）貨幣（11）度量衡（12）郵便
第三門　運輸
（1）水運（2）陸運（3）漕運（4）鉄道（5）汽船（6）倉鋪料・埠頭税、附水先案内（7）保険及び保険料
第四門
（1）銀行（2）諸為替（3）貯金及び貸借（清国銀行の営業法）（4）手形（民行紙幣）
第五門　交通
（1）郵便（2）電信附電話
第六門　生業
（1）工業（旧い手工業、職人の工業のほか、新工業総説として造船所、造兵廠、武昌新製鉄所、上海

織布局、上海紡績所、武昌織布局、甘粛製絨所、磚茶製造についてのべている）（2）農業（3）蚕糸業（4）漁業（5）牧畜業（6）山林業（7）外国貿易（8）結論（日清貿易不振の三大原因、誤信の三速断、日清貿易拡張の方案）

『清国通商総覧』の編纂を担当したのは根津一である。彼は荒尾に協力して日清貿易研究所の設立に尽力した一人であり、のち同研究所の後身である東亜同文書院長になった人物である。本書の基本資料になったのは、明治十九年から二十二年に至る間、かの荒尾の同志たちが中国各地を文字どおり生命がけで跋渉して集めた中国民衆の赤裸々な生活記録などの生《なま》情報であった。そこには、従来日本人が儒教の聖典や、王朝文化からイメージしてきたものとはおよそ違った「生きている中国」の姿があった。そういう意味では、中国と中国人の実像を世界に始めて紹介した文献として、また中国大百科事典として、研究所の声価を大いに高めたといってよい。

日清商品陳列所　『日清通商総覧』の出版によって研究所の声価は高まったけれども、日清貿易商会の設立は依然として困難な状態にあった。そこで、これに代るものとして浮かび上がってきたのが、「日清商品陳列所」設立案である。そのきっかけは大阪の豪商・岡崎栄三郎らの出資によって、上海に「瀛華《エイカ》廣懋館《コウボウカン》」が建設されたことである。「瀛華廣懋館」というのは、日清貿易商会という意味で、これを日清貿易研究所の付属機関である日清貿易陳列所にして、ここで研究所の卒業生を働かせ、日清貿易の実地訓練の場に利用することにした。こうして明治二十六年七月、日清貿易の実習機関として「日清商品上海陳列所」が開設された。それと連携した内地の商社として、岡崎が大阪で経営していた日韓貿易商社及びその上海における出先機関「日華洋行」のほか、神戸、横浜、長崎、函館にも物産取扱所が設けられた。

しかし、こうした構想は、明治二十七年八月、日清戦争の勃発により、すべてが水泡に帰した。日清貿易研究所は一期生だけで解散し、三年の短い命に終ったのである。

日清貿易研究所の限界　ところで、もし日清戦争が起こらなかったならば、日清貿易研究所はその後、荒尾が描いたような雄大な構想にまで発展したであろうか。荒尾の夢は一大ロマンとしてそれなりに傾聴すべき点はあるにしても、現実的にはせいぜい現地における人材養成機関としての高等商業学校、ないしはのちの満鉄調査部のような調査機関にとどまったのではないか、というのが私の意見である。というのは、「貿易商会」と「貿易研究所」の二本立て構想にもともと無理がある。「貿易商会」は明らかに直輸出入を目的とする商社である。商社であるならば、利潤追求を目的とし、利潤を獲得できなければ存続しえない。しかも国産品の輸出によって利潤をあげることを要請される商社である。とすれば、貿易商社構想にとってもっとも重要な点は、国内の直接生産者あるいは生産力とどのような有機的システムを構成すべきかということであるはずである。具体的な例で説明するならば、従来、日清貿易の中心品目をつくってきたのは、昆布・海鼠《なまこ》・干鮑《ほしあわび》といった海産物であったのであるが、今後も日清貿易の主流は海産物であり、海産物その他農産物でなければならないというのか、それとも日本の工業化の進行に従って、工業製品が一次産品にとって代ると考えていたのか。どちらを想定するかによって、商社活動をはじめ、市場調査の対象・方法、人材養成の方法にいたるまで、対清通商戦略が大きく変わってこなければならない。しかも中国市場には欧米の商社が多数参入し（英国三六三社、ドイツ七八社、アメリカ三一社、フランス二九社―明治二十七年『通商月報』一号）、着々と商権を拡大しつつあった。日本の商社はこの現実に対し、何をもって競争しようとするのか。具体的な戦略を示すことなく、亜細亜貿易協会設立によって日本の国威を海外に輝かすと説いても、空理空論ではないのか。ともかく「貿易商会」は営利会社である以上、利潤の基礎をどこに求め、どのように経営するかが示されねばならない。荒尾構想にはその点が欠けていた。

他方、「貿易研究所」は商社要員の養成・訓練所である。だから「貿易商会」が主要目的であるとすれば、「貿易研究所」はその付属機関である。貿易商会があって、研究所が存在しうるものである。それにもかかわらず、資金難のために貿易商会設立を後日にゆずり、付属機関である貿易研究所を分離して、これをさきにつくったということは、どういうことなのか。まず資金的・財政的基盤が確立していなければ、現実的に行きづまることは疑いない。創設時の資金は閣僚や軍部を説いてやっと調達したものの、経常経費の見通しも正直にいって立っていなかった。二年半ばかりたってから、ようやく大阪商人の協力で、本体の「貿易商会」に当る「瀛華廣懋館」設立にこぎつけたが、それはむしろ研究所の付属実験室のようなものにすぎず、とても研究所へ資金供給できるような商社とは程遠いものであった。もし荒尾の主張が現実に効果的なものであったなら、中国で商業基盤を固めつつあった三井物産や大倉組といった大商社こそ、積極的に援助してよいはずである。にもかかわらず、三井物産や大倉組ははじめから荒尾の構想に関与した形跡はない。ともかく荒尾の行動をみるかぎり、夢が先走っていて現実が夢についてゆけなかった。というよりか、ますます現実との距離が大きくなっていった。そのまま走れば、恐らくそう遠くない日に破綻するを免れなかったであろう。日清戦争の勃発が「日清貿易研究所」を破綻から救ったのは、むしろ幸いであった。というのは、やがてその伝統を継承発展させ、東亜同文書院として復活することになるからである。

諸列強の草刈り場となった中国　しかしここで考えておかねばならないことは、岸田・荒尾らの大陸での活動はいったい何であったのか、ということである。日中貿易に携わる日本商人が未発展で、中国商人に主導権を握られているという嘆かわしい現状をどうしたら改善できるか、という問題それ自体は、当時の有識者をはじめ国民の共通した課題であった。だから彼らの問題意識がそこから出発していたことは、中国の現状を知るものにとっては当然のことであった。そしてそれに対する対応策として、商業活動に適当な人材の養成と中国各地の風俗習慣や複雑な政治・経済情報の収集を重視したことも、決してまちがっていなかった。

ただ問題は、情報戦略の方向がしだいに経済情報収集から政治的・軍事的情報活動に傾いていったことである。たしかに中国においては、そうならざるをえない国内的・国際的事情があった。すなわちアヘン戦争（一八三九―四二年）から一九一二年の清朝滅亡までの中国の歴史は、かつてないほどの大変動期であった。まず二回にわたるアヘン戦争によって、世界市場に組み込まれたことの直接的結果である商品経済、国内市場の発展拡大、それに伴う帝国主義列強の中国への進出は、中国の経済・社会・政治を激しく揺がした。こうした過程で中国は急速に半植民地的従属国へと大きく変貌してゆく。半植民地的経済へ転落するなかで誕生したのが、上海、漢口といった新しいタイプの国際都市である。ここの居留地には世界各地から冒険家が集まるとともに、西洋近代文明を代表するモノと情報の流入口にもなっていた。汽船や鉄道といった近代交通機関はもとより、石油ランプ、マッチ、機械製綿布など洋式生活用品の流入が、都市から農村へと拡大しつつ、中国人の生活を大きく変えつつあった。

こうした中国社会の変貌は、中国が厖大な人口を抱えた、まったく未開拓の新市場であっただけに、先進諸列強にとって、よだれの出るような獲物に映った。それに、かつてはとりつくしまもなかった強大な清国も、相つぐ農民や民衆の反乱によって治安が乱れ、政治的動揺が続いているとなれば、諸列強にとってはいまが進出のチャンスである。こうして中国市場制覇の問題は、たんに経済通商競争の次元にとどまらず、政治外交の利権とも絡むし、しばしば軍事的実力行使にさえ発展したのである。

大陸浪人の暗躍　西欧諸列強に遅れて中国市場に進出した日本も、そうした諸列強の行動パターンにはまりこんでゆかざるをえなかった。すなわち経済情報の収集という最初の意図が、激動する中国経済・社会のなかで、情報収集の対象をおのずから国内外の政治・外交・軍事にまで拡げざるをえなかったであろう。例えば領事の職務は、本来駐在地における居留民の権利保護と貿易その他の商業活動の報告が第一義的義務であるが、中国駐在領事の場合は、領事報告のかなりの部分が政治・外交的機密情報から成っていたのが特徴である。

のちに首相の地位についた原敬も、明治十六年（一八八三年）二月から十八年五月まで天津領事を勤めたことがある。彼の天津領事時代は、恰度《ちようど》ベトナムの宗主権をめぐって清国とフランスが戦った清仏戦争（一八八四―八五年）のときと重なる。彼は書記官と二人で三井物産の石炭の売り込みや数少ない渡航日本商人の世話をするほか、もっとも手を焼いたのが数百人にのぼる醜業婦たちの取締りであった。こうした本来の通常業務のほかに、政府要人との間で清仏戦争の状況、外交交渉の動きを「機密信」をつうじて、殆ど連日のように連絡をとっていた。そのことは『原敬関係文書』第四巻（書類篇一・日本放送出版協会）所収の「日記」及び「機密信稿」によって窺い知ることができる。つまり天津時代の原敬領事の仕事の圧倒的部分が、清仏戦争をめぐる政治・外交・軍事情報の収集・連絡であったのである。これがこの時代の中国での情報活動の特徴であったといってよい。

それにもかかわらず、荒尾らの情報活動は、領事館のそれとも違っていた。経済情報といっても領事の通商情報のような刻々と変化する生《なま》情報ではなく、金銀塊の取引方法とか度量衡制度といった慣習的・制度的情報を意味した程度のものである。それ以上の生きた情報を恒常的に収集しようとすれば、定点観測的拠点を戦略的・組織的に配置し、今日のジェトロのようなシステムをつくり上げることが必要である。しかし当時においては、民間の組織でそうした構想をもてる状況にはなかった。

元来、荒尾は陸軍参謀本部の軍人であって、軍籍を離れたといっても、商売のことは素人の域を出なかった。だから通商情報の収集においても、商業活動の目的よりか、政治的・軍事的戦略構想、つまり諸列強に対するアジアの興隆と日本の強国化へと飛躍してゆく。そうした動向に群がってきたのが、明治維新後、西南の役で主流から脱落した不平士族たちであり、やがて玄洋社、黒龍会、東亜同文会といった国家主義、アジア主義団体ともつながってゆく。こうして日中直貿易に役立つべく養成された人材も、とかく中国語や社会慣習に通じたいわゆる「支那通」として、日清戦争や日露戦争において通訳や諜報などに活躍の場を見出すことになる。

さらに時代を下ると、辛亥革命及びその後において中国の政府機関、軍閥などの顧問をつとめるもの、あるいは政府や各官庁、軍部、政党、大企業など特定の資金を背景に、情報の収集、利権の獲得に暗躍するものなど、その役割も多様化した。彼らの実態はまさに、いわゆる大陸浪人といわれる特異な存在形態を形づくっていたのである。それは日本近代史に咲いたあだ花であった。

海産物から銅・石炭・マッチへ　さて、ここで中国の外国貿易の趨勢をざっとみておくことにする。次頁の表をみていただきたい。

これを見る限り、中国が世界市場に参入して以後の貿易は急速に拡大したことが分る。とくに一八九〇年以後の輸入が大きく伸びているのが目につくが、その輸入品目と輸入額の内訳はだいたいつぎのようになっている。すなわち綿糸・綿織物、アヘン、雑貨で約八〇パーセントを占めている。これを長期的傾向のなかでみると、ずっと輸入品中第一位を占めていたアヘン（一八八一年には過去最大の輸入額を示した）が、八五年以降第二位になり、代って従来第二位であった綿糸・綿織物が第一位となり、その額が急速に増大していることである。雑貨も漸次輸入増大傾向を辿っているが、米は年により豊凶の影響を受けるとはいえ、輸入に仰がざるをえない傾向にあった。これら主要品目以外では、金額はずっと下るが、毛織物、石油、石炭、木綿……とつづいている。

つぎに主要な輸入国は、輸入額の順からいうと、英国（インドその他属領を含む）が全輸入額の約七〇パーセントと圧倒的なシェアを占め、ドイツが約八パーセント、ついでアメリカ、日本、フランスがほぼ肩を並べて、それぞれ二―三パーセントと続いていた。日本は欧米諸列強の飛躍的進出を前にして、とても比

中国の外国貿易（1864―1891年）

（単位　千両）

	輸　出	輸　入
1864	54,006	51,293
1870	61,990	71,000
1880	77,883	79,293
1890	87,144	127,093
1891	100,948	134,004

資料：町田実一『日清貿易参考表』「1891年の外国貿易」『官報』明治25年8月2日号

1891年の輸入内訳

（単位　千両）

綿糸・綿織物	53,290
アヘン	28,333
雑貨	25,665
金属	7,254
米	6,597
その他	12,865
合計	134,004

資料：「1891年の外国貿易」前掲『官報』

較にならなかった。

ところで、中国の外国貿易に関する統計は、外人によって管理された開港場の税関（海関）が作成した資料によるものである。これが利用可能な中国の公式の外国貿易統計である。しかし、これが中国貿易の実状を示しているかというと、必ずしもそうではない。というのは、この統計には中国沿岸諸港を通航していた多数のジャンク船による貿易が含まれていないからである。隻数において圧倒的多数を占めていたこの中国型帆船による貿易の実態は、実はよく分らない。北は牛荘、天津、南は香港、台湾から東南アジア諸港を自由にさまざまな物資を運んで航行していたジャンク船貿易、それを考慮に入れないと、中国の実際の輸出入品の流れは把握できない。

ところで、上海は中国の貿易港としては、清国の輸出入の約六〇―七〇パーセントを占めていたといわれる。しかし上海は物資の集散所であって、その物資が上海からどこへ行ったかということは貿易統計からはよく分らない。例えば日本から上海へ輸出された水産物も、その一部は上海からジャンク船で芝罘や天津などの沿岸諸港へ送られていたことは「領事報告」によって明らかであるが、そのことは芝罘や天津の貿易統計には現われない。だから中国の外国貿易をみる場合、統計に現われない特殊なジャンク船貿易があったことを頭に入れておく必要がある。

そのことを考慮においた上で、いま明治二十四年の日本から清国への輸出品を、金額の多い順にあげると、銅、石炭、昆布、マッチ、なまこ、寒天、椎茸、洋傘、木材及び板類、人参、するめ、ガラス器……と続く（「清国貿易景況、二十四年中」『官報』明治二十五年九月十四日付）。明治二十年以前は、昆布、なまこ、寒天などといった海産物類が圧倒的な部分を占めていたのに、銅、石炭、マッチが金額で上位を占めていることは注目される。このうち銅は主に住友の銅であり、石炭は三井の三池炭及び北九州炭が主であった。マッチは圧倒的に神戸産のものであった。

さらに、金額は大したことがなかったので順位はずっと下がるが、日本の綿フランネルが上海市場に増加しつつあったことが注意を引く。上海帝国総領事館代理領事・林権助からの報告によれば、（「上海綿『フランネル』商況」『官報』明治二十五年十月二十六日付）、「綿ネルハ明治十七、八年頃以来、一ノ重要輸入品トシテ当港市ニ上リ、爾来漸ク需要ヲ増スモノノ如シ……諸外国ヨリ輸入スルモノハ多ク米国及独逸製ニシテ……本邦製モ数年前ヨリ多少ノ輸入アリテ現今ニ至リ、著シク其数量ヲ増加セリ」。

ところが、米・独製品は主として白綾片面ネルであるが、日本製品は白無地及び縞物である。清国人が好むのは、白地藍色棒縞ものである。日本製品は米・独ものに比べて、品質は劣るけれども、価格が安いために需要が増加している。ただ問題は、日本製品は品質が不同で価格が一定しない点で、この点を注意すれば将来有望であろう、とのべていた。

日清戦後は綿織物、雑貨がのびる　綿ネルに続いて日清戦後は綿糸・綿織物への需要が高まった。広大な人口を擁する中国市場は、欧米先進工業国にとって、また勃興期の日本綿業資本にとって願ってもない市場拡大の機会を与えた。上海税関の書記コブッシュは、明治二十九年の始めの上海の貿易景況について、満足の意を表わすとともに、将来の見通しについても楽観的な意見をのべていた。そのなかで、最近における中国への織物の輸入増加に注目して、海関統計の輸入品目の中に「綿織物類」という新項目を加えることにした、とのべている。

また雑貨についても、輸入額が増加したため、同じように新項目を設ける必要が出てきたとして、つぎのような新項目をあげている。麻袋、ラマ紐、ローソク、セメント、葉巻及び紙巻タバコ、棕櫚うちわ、ランプ、革、日本マッチ及び洋傘、薬類、スマトラ石油及び砂糖など。これら項目のうち、二、三のものを除き、多くは日本からの輸入に関わるものであることは注目すべきである。

ただ織物類の輸入増加と併行して、コブッシュは中国国内における綿業生産が新しい段階に入ったことに注意を喚起している。すなわち綿布の需要、増加の一方で、インド綿糸が年々一〇〇万担以上輸入されているのは、中国で土着の手織業が異常に増加した証拠であり、これは輸入代替産業の発展とみてよいということ、また上海における中国人の手による紡績工場の設立、明治二十八年中には欧州人資本による紡績及び綿布の四工場が建設されたこと、やがて一、二年以内に上海において恐らく一八ないし二〇の綿紡績工場が、欧州人、日本人及び中国人によって設立されるであろう、とのべていた。ともかく中国の経済・社会は大きく変化しはじめていたことは確かである。

中国の経済・社会の変化もさることながら、日清戦後の日本はそれ以上に大きく変貌をとげることになるが、こうした中国の貿易＝市場構造のなかで、日本の課題として、一つは急速に増大しつつあった綿糸・綿織物の需要にどう対応してゆくか、もう一つは、雑貨とくに洋式雑貨へのニーズに対してもどう対応すべきかが、対中国貿易＝市場戦略の中心になってきたのである。

Ⅳ　アメリカ市場の開拓に成功した日本の情報戦略

一　好評であった日本生糸と絹織物

アメリカが生糸輸入を必要とした理由　日本は開港以来、世界市場における当面のライバルを中国においていた。なかでも両国共通の輸出の主流を占め、世界商品として需要が多かったのが、生糸、絹織物それにお茶である。両国はそれら商品の売り込みをつうじ、激しいシェア争いを演じねばならない宿命を担っていた。欧州でも、またアメリカ・カナダでも、競争は年を追って激化した。その最大の舞台になったのが、急速に発展しつつあった新興国アメリカであった。日本の目標は、ともかく中国との競争に勝つこと、中国を抑えて市場を確保することであった。

日本の最大輸出品を構成した生糸と茶、そのうちまず生糸輸出についてのべる。開港時に日本の生糸・蚕種に外国商人が群がったのは、ヨーロッパの養蚕業が一八五四年以降、微粒子病という蚕病の流行によって大打撃を受け、危機的状態にあったためである。とくにフランス、イタリア、スペインといった諸国の養蚕業の打撃は大きく、国を開いたばかりの日本・中国から急遽蚕種紙の供給を抑がねばならなかった。

それがきっかけで、微粒子病流行が駆逐されて以後も、安い日本生糸の対ヨーロッパ輸出は伸び続けた。ヨーロッパへ入った日本生糸の一部が、大西洋を渡ってアメリカへ輸入されていたが、やがて明治十年頃には横浜・神戸から直接サンフランシスコ（桑港）へ輸出するルートができた。それ以後アメリカへの生糸輸出は急速に増加し、明治十七年（一八八四年）からはアメリカが最大の輸出先となったのである。

どうしてアメリカはそれほど大量の生糸を必要としたか。実は古い歴史をもつヨーロッパの絹織物工業と異なり、アメリカの絹織物工業の発展はちょうど日本の開港と殆ど同時に始まったばかりであった。南北戦争以前には、イギリスやフランスから大量の絹製品が輸入されていたが、戦後政府は輸入製品に従価四〇—六〇パーセントという高率の保護関税をかけ、国内産業の発展を保護育成したため、国内の絹織物業発達の素地が生まれた。その中心地はとくにニューヨークの西北三〇キロのところにあるニュージャージー州パタソンである。当時人口約八万、職工数一万七〇〇〇ないし一万八〇〇〇人、アメリカのリヨンとよばれるほど有

ニュージャージー州パタソン市における絹織物業の発展　1850—90年

	工場数	生産物価額（ドル）
1850	67	1,809,476
1860	139	6,607,771
1870	86*	12,210,662
1880	382	41,033,045
1890	472	87,298,454

資料：「北米合衆国絹織物製造業進歩の景況」（紐育領事館報告）『官報』明治26年1月9日

*恐らく186のミスプリントであろう

名になった。いま、かんたんに数字によって急速な発展の跡を見てみたのが、前頁の表である。生産物価額からみると、一八五〇—九〇年の間に生産力は実に四八倍以上も増加する飛躍振りである。その間工場数や労働者数が増加したことはいうまでもないが、最新の技術導入とくに精紡機の開発などの技術革新によって、ヨーロッパに追いつき、国内自給体制の確立に向かって進みつつあった。こうしたアメリカ絹織物業の必要とした生糸、その生糸への急速な需要が日本の生糸輸出業者に千載一遇の機会を開いたのである。

ところが、アメリカへ生糸を供給したのは日本だけではない。中国からも、また欧州からも、需要をあてこんだ輸出が殺到した。生糸取引は、絹織物工業の中心地パタソンに近いニューヨークで行なわれていた。だからニューヨーク駐在日本領事は、現地における生糸商況の情報を集め、それを領事報告のかたちで刻々と送ってきた。明治二十五年以前は「月報」のかたちで、それ以後は「週報」のかたちで、生糸の各国別、等級別に相場や在庫の変動を伝えてきた。それによると、イタリア糸が最上で、日本糸（最上の器械糸）がこれについで高い価格で取引されていた。中国糸のランクはここではもっとも低かった。例えば明治二十五年三月二十六日から四月一日の一週間の各国生糸の相場はつぎのようであった（『官報』明治二十五年五月十六日）。

イタリア糸（三〇日払　単位＝ドル）

特別クラシカル　四・一五—四・二五

日本糸（六か月払　単位＝ドル）	
器械糸最上一番	四・一〇―四・二〇
同　一番半	三・八五―三・九〇
中国糸（六か月払　単位＝ドル）	
器械糸上等	―
繰返糸一番	三・〇〇
広東糸（六か月払　単位＝ドル）	
器械糸	二・九五―三・二五
撚糸（四か月払　単位＝ドル）	
イタリア縦糸	五・〇〇
日本縦糸	五・〇〇
日本横糸	四・六五
広東器械横糸	四・〇〇

生糸をめぐる日中輸出戦略のちがい　日本生糸はイタリア生糸とほぼ肩を並べるほど好評を得ていたが、それではアメリカへの生糸の輸入状況をみてみると、明治二十四、五年頃の日本糸の輸入量は、香港・上海を合計した中国糸の約二倍、さらに欧州糸を加えた輸入量をも上廻っていたのであって、

アメリカ輸入生糸の実に半分以上を日本糸が占めていたことが分る。こうしてアメリカ絹織物工業の急速な発展という世界経済の変化に対応して、日本はいち早く海外市場進出の足場を築いたのである。

日本のアメリカ市場進出の裏には、生糸輸出戦略の成功があった。すなわち一八七〇、八〇年代の世界生糸市場は、大きく分けてフランス、イタリアを中心とする先進的欧州市場と、新興国アメリカ市場の二つがあった。明治初年の日本は欧州市場への輸出に力を入れるため、領事館をベニス（明治五年）、マルセイユ（明治七年）、ローマ（明治九年）、ロンドン（明治九年）、ナポリ（明治十一年）、ミラノ（明治十一年）、リヨン（明治十七年）と相ついで養蚕中心国、生糸取引中心地に設置して情報の収集に努めようとした。しかし、これら領事館の多くは、しばしば閉鎖や再開をくり返していたように、必ずしも所期の目的を果たすことができなかったばかりか、欧州の生糸取引は長期にわたる不況で、輸出はのび悩んでいた。しかも、この方面で激しい販売競争をしていたのが、日本糸と中国・広東糸であった。価格の面においては、中国・広東糸が日本糸よりも低価であったから、販売高において中国糸が日本糸を抑えていたのである。やむをえず日本糸は原価を切って、中国糸に対抗せざるをえない苦況に追い込まれていた。そうした状況のなかで、日本は欧州市場からアメリカ市場へ輸出市場の転換をはかる一方、中国はといえば、むしろ欧州市場への輸出にかけたのである。

明治二十三年はじめの上海駐在領事・高平小五郎の報告によれば、上海から輸出される生糸は、白糸、黄糸、野蚕糸などいろいろ種類があるが、輸出先は主としてフランスで約七〇パーセント、その他欧州としてロンドン・スイス・イタリア向けが約一〇パーセント、ニューヨーク及び桑港《サンフランシスコ》向けは約一〇パーセントとなっていた。また明治二十五年の報告（『官報』明治二十五年九月十六日）では、「欧州への輸出高は北米のそれの約二倍に上っていた」ように、中国糸は主として欧州とくにフランスを市場としていたのである。

だから日本はアメリカ市場で中国糸を抑えたとはいっても、つまりは中国は欧州、日本はアメリカと事実上、両国は市場を「住みわけ」たかたちにあったといってよい。これには両国の市場戦略が深く絡んでいた。

いま一八九一年頃の世界の生糸市場の見取図を描いてみると、つぎのようになっていた。世界には欧州（フランス、英国、イタリア）と米国の二つの市場があり、これに対し生糸供給国は日本（横浜）と中国（上海、広東）、欧州ではイタリアであった。アジアから欧米二大市場への総輸出量は、約一四万五〇〇〇梱、その内訳は横浜、六万梱、上海、六万三〇〇〇梱、広東、二万一〇〇〇梱。総輸出量の約三分の一が米国へ、約三分の二が欧州へ輸出された。アジアから米国向け輸出量は約四万五〇〇〇梱、その三分の二は日本糸が占めていた。欧州から米国への輸出は約七五〇〇梱であったから、米国市場は日本糸が圧倒的優位を占めていたわけである。

日本生糸が海外市場で急速に伸びたのは、海外の動向を受けていち早く輸出向けの生産体制に切り変えたからである。開港直後には従来の手挽よりも生産性の高い座繰技術が導入される一方、外国か

明治24—25年（25年6月末で終る12か月間）における横浜より輸出された生糸及び輸出商

輸出商	輸出先（単位＝梱）			
	ヨーロッパ	アメリカ	合計	前年同季合計
サイバル・アンド・プレインウォールド	5,031	7,932	12,963	6,503
バヴィール会社	576	4,134	4,710	2,860
オット・レーマス会社	126	4,185	4,311	4,183
同伸会社	321	3,472	3,793	2,336
ナブホーズ・アンド・オーセンブルーゲン	2,939	527	3,466	2,221
ウーシー・ビラ会社	2,187	852	3,039	1,771
ジャージン・マゼソン	815	2,191	3,006	1,750
その他　19社	7,004	6,776	13,780	12,006
合計	18,999	30,069	49,068	33,630

資料：「日本及び支那生糸輸出景況」『官報』明治25年9月16日

ら技術導入した器械製糸業が明治五、六年からスタートし、（明治五年開業の官営富岡製糸所、明治六年開業の小野組二本松製糸場など）長野・岐阜を中心に器械製糸が広く普及した。また従来使用してきた座繰機も明治十一、二年頃には、これを改良して改良座繰機とした。それは群馬県で始めて使用して以後いっそう進歩し、その精巧なものは、優に洋式器械糸に劣らない上質糸の製造に成功した。

アメリカの絹業創始以来、生糸取引に従事してきたリチャードソン氏は、ニューヨーク駐在日本副領事のインタビューに答えてつぎのように当時を回顧している。

「明治十一年以前においては、日本製糸家はすべて中国風に模倣して生糸を作っていたから、当時米国に輸入した生糸も少なかった。しかしその後生糸製造にいっそう改良進歩が加えられたため、米国人の賞讃をうるようになった。そもそも当時にあって生糸改良のことにつき、百方力をつくし、いっそうの改進を促したのは、当時の紐育副領事・富田鉄之助氏の力によるところ大である。思うに富田副領事以来、日本生糸が改良進歩したことは実に驚くべきことであるが、これは決して偶然の結果ではない。その一例をあげると、同伸会社代理人・新井領一郎のごときは、数年来日本生糸改良の方法についてたえず私に相談しにきたし、自分としても及ぶ限りの方策を氏に授けたわけである。ときにはイタリア糸の見本をも氏に付与して、その製造技術をも教示したほどである。その結果は、いまや改良座繰糸と称する改良糸を送ってくるようになったのである」と（『官報』明治二十五年一月十六日）。

このリチャードソン氏の話には、少々自己宣伝の自慢話も交じっているけれども、日本がいかにアメリカ絹織物業界のニーズに対応して、技術革新に努力を怠らなかったかを語っていて興味深い。またリチャードソン氏の回顧談にでてくる同伸会社は、明治十三年富岡製糸所長であった速水堅曹を社長に、ニューヨーク駐在副領事であった高木三郎を副社長に迎えて設立された生糸の直輸出会社である。同年ニューヨーク支店が開設され、新井領一郎が代表者になる。翌十四年にはリヨンに支店が開設されたが、いずれも富岡製糸所の生糸販売の委託を受けて輸出にのり出した。日本の生糸輸出は外商主導のもとで始まったが、同伸会社の順調な発展で明治二十年代はじめには、アメリカ向け生糸輸出商社のなかで輸出量では第四位にランクされるほど、ひとり気を吐いていたのである（前頁表参照）。

絹織物、絹のハンカチ　生糸についで、日本製絹織物の輸出も増加しつつあった。絹織物といってもはじめは主として絹のハンカチであった。先にものべたように、アメリカ絹織物業はパタソン市を中心に急速な発展をとげつつあった。それにもかかわらず一方では絹のハンカチを一部外国からの輸入に仰がざるをえなかったのは、アメリカ製ハンカチが安ものの東洋製品との競争に勝てず、折角製造を始めたのに生産の減退に追いこまれたためである。アメリカの高賃銀が、中国・日本の低賃銀に勝てなかったのである。

絹のハンカチを男はポケットに押しこみ、それでもって鼻をかむ。女性はアクセサリーとして持ち歩くことが、当時のアメリカ社会ではナウい風俗であった。絹ものへの魅力に男も女もとりつかれていたのである。そのときもっとも人気があったのが、日本製絹ハンカチであり、それについで喜ばれたのが中国製である。絹のハンカチといっても、日本製品だけでも二五〇種ほどが出廻っていたといわれ、よく売れた男性用のは約五〇センチ角の純白無地のものに三センチほどの縁縫いを施してあって、これを「ヘンムスティッチ」ハンカチとよんでいた。婦人用のは「スカロップ」ハンカチといって、襞《ひだ》をつけたハンカチがファッションとして風靡していた。もっとも、日本・中国製ハンカチのほかに、ドイツ及びフランスの輸入絹製品もあったけれども、その多くは華麗な模様入りのもので、ハンカチというよりか襟首に巻くスカーフに用いられていた。だから形も用途も、アジア製品とは異なっていた。輸入額もあまり多くなかった。

ところで絹製ハンカチには、その片隅に頭文字を縫い出したものが、明治二十三年から二十四年にかけてニューヨークで流行していた（「紐育絹製手巾商況」『官報』明治二十四年一月十七日）。これをイニシアル・ハンカチーフとよんでいたが、その需要が非常に多いために、日本でローマ字のイニシアルをつけてアメリカへ輸出していた。ところが日本人はアメリカ人の名前をよく知らないため、ローマ字二六文字を適当に組み合わせさえすればよいと思っているのか、O・YとかZといったアメリカ人の名前には絶無と思われるイニシアルを縫ったハンカチが交じっている。そんな製品を送ってくれば、意外の損失を招く恐れがあるので、製造業者は注意すべきであると、ニューヨーク領事・藤井三郎は「領事報告」のなかで忠告を発していた。彼の意見は、ローマ字のイニシアルはたんに組み合わせに問題があるだけではなく、ローマ字のくずし方が唐草や花紋で囲ったりして、その模様の種類が一〇〇以上もあるばかりか、流行の変遷もきわめて急速である以上、そうした作業は日本国内でするよりか、現地の業者に任せた方がよい、というものであった。

拡大した絹の流行日本羽二重の人気　絹のハンカチから始まった絹物の流行は、ハンカチから一挙に衣服に拡大した。とくに明治二十五年の始め頃から婦人たちの間で、ドレスに薄くて軽い織物を使用することが流行しはじめた。それはアメリカの景気が好況期に入り、消費需要の増大、高級品志向の傾向が高まったためである。そうした消費者のウォントにぴったりであったのが、日本の高級絹織物羽二重であった。

しかし日本の羽二重をそのままドレスに仕立てたのではなく、これをいったんフランスに送ってフランスでデザインを施し染色加工した上で、アメリカの婦人向けドレスに仕立てたのである。ドレスといってもさまざまで、プリント加工したものは、何に用いられたかというと、実はドレスのほかにシュミーズのカバーに用いられたのである。

当時のシュミーズは一般に白金巾の素材でつくられていた。絹物のシュミーズはヨーロッパの貴族でもかつては禁止されたほどの贅沢品である。その贅沢な絹のうすものを、ドレスのすそから露出している粗末なシュミーズの上に着けて、下着を覆いかくすことがナウな流行になったのである。一般庶民の絹への憧れが、ハンカチのような小物から下着のアクセサリーに拡がったのである。

また婦人たちは、夏のシーズンにはペチコートにも使っていた。夏のニューヨークは、しばしば焼けつくような猛暑に襲われる。暑さに弱いアメリカの女性は、屋内では下着一枚ですごしていた。しかし、ちょっと散歩に出かけるときとか、親しい友達を訪問するときに、気軽に穿《は》いて出かけたのが絹のペチコートであった。絹を着てゆけば、儀式の席とか堅苦しいフォーマルな場所では許されないにしても、気心の知れた友達の前では、別に気恥かしい思いをしなくてもよかったからである。

さらに、無地の羽二重は、絹のドレスの裏地に用いられ、絹ドレスの流行に伴って、裏地の需要がますます増加する勢いであった。

それでは競争の激しいニューヨーク市場で、日本の羽二重が外国製品と比べてどのような地位を占めていたのか。さきにのべたハンカチの場合は、日本製にもっとも人気が集まっていたとはいえ、それでも中国製やフランス製品との競争がないわけではなかった。しかし婦人の絹ドレスその他の需要については、日本の羽二重が圧倒的な地位を占め、とくに競争品というべきものはない有様であった。ただ羽二重のドレスを買うほどの資力のない人たちは、しばしば一ヤード二〇セントのフランス製の安物で我慢していたわけで、高級な羽二重に対抗できるものは外国製品にはなく、日本の独壇場であった。因みに羽二重一ヤードの価格は、品質によって千差万別であったが、最低三〇セントから最高七五セントで取引されており、フランス製品と比べいかに高価であったかが分るであろう（紐育駐在総領事高平小五郎、明治二十五年八月二十一日付報告「紐育ニ於ケル羽二重ノ用途及販売等ニ関スル件」『官報』明治二十五年十月五日）。

アメリカ人の絹への憧れ　アメリカにおける絹物の流行は、その後もすたれるどころか、ますます拡大する勢いであった。こうしたアメリカにおける絹織物流行の景況について、紐育帝国総領事館書記生・田辺熊三郎は農商務省へつぎのように伝えてきた（『官報』明治二十六年四月十七日）。

「従来ある種の絹物に限り、ある国ぐににおいて、一時絹物の流行を見たことがあったが、元来絹織物は特別高価な贅沢品とみなされ、〝walking in silk attire〟といえば奢侈贅沢の代名詞となっているほどで、絹物の需要はそれほど多くなかった。ところが、最近はその種類を問わず、絹物が大流行の状態である。欧米文明国の歴史をつうじて、こんなに一般的に流行したことは、一度もなかったことである。目下アメリカにおいては、いやしくも衣服や装飾に関心をもつご婦人たちは、その足に穿く靴とコルセットに使う鋼片を別にすれば、その身につけるものすべて絹製品ではないものはなく、とくに絹のドレスを着て歩くとき、その絹ずれの楚々たる音に、彼女たちはもっとも誇りと満足の気分にひたるのである。女性だけではなく、男性もいままでより絹物を多く使用するようになったし、家の内部の装飾や家具のカバーにも絹織物を使用するなど、その用途の拡がりは甚だしいものがある」と。

こうした絹物の流行は、アメリカだけに限られたものではなかった。フランス、イギリスなどヨーロッパでも一八九〇年代はじめ頃から、男女とも絹物を愛好したばかりか、室内インテリアに絹を用いることが流行した。イギリスへ輸入された日本の羽二重は、「専ラ之ニ形置、染附等ヲ為シ婦人ノ衣裳及男子用襟飾《えりかざり》・襟巻《えりまき》等ニ用フ……又近頃ハ本邦製紋形・縞形羽二重ノ輸入少カラズ、専ラ男子用襟飾ニ製造」された（「倫敦ニ於ケル羽二重輸入手続及販売等ニ関スル件」『官報』明治二十五年十月八日）。また下等糸でもって製造されたイギリス製ビロードは、リボン、椅子張用、窓掛《カーテン》、襟飾に用いられた。安ものの絹であれ、インテリアに絹が使用され始めたのも、この頃のことである。

アメリカ市場開拓の牽引車となった絹物　ともかく欧米を中心とする絹織物流行が日本蚕糸業の促進はもとより絹織物工業の発達、絹製品の輸出を大いに刺激したのである。アメリカの税関統計では、絹製手巾（ハンカチ）、羽二重反物など種類別の輸入統計はなく、すべて絹製品の部類に編入しているため、日本品の品目別輸入がよく分らない。だから日本側の貿易年報によって、一応日本からの絹布、絹手巾、絹製品類の急速な輸出拡大の趨勢をみておきたい。それが次頁に示す三つの表である。いずれも農商務省商工局編『日本商工業要覧』(明治二十六年)からの引用である。

まず絹布。ここで絹布というのは、羽二重、縮緬《ちりめん》、甲斐絹、繻珍《しゅちん》(繻子の布地に模様を織り出した織物)といった種類のもので、とりわけ羽二重がもっとも多かった。その輸出総額は明治二十年頃にはせいぜい一二―一三万円程度であったのが、明治二十四年には一躍一七六万円余りに達した。日本の輸出品で、このような急速な進歩をしたケースは、かつてなかったことである。輸出先はフランスが第一で、アメリカが第二、この二国で総輸出額の八〇パーセントを越えていたことが分る。そしてこれら絹布の生産地はどこであったかというと、福井、石川、群馬、栃木、山梨、岐阜、京都が主であった。

つぎに絹手巾。この期間の輸出伸び率は二倍強程度で、絹布の伸び率一三倍とは比較にならないけれども、輸出額においては絹布の輸出をはるかに上廻っていて、日本の絹織物輸出の柱をなしていたのである。その六五パーセントまでがアメリカ向けであった。その「種類ヲ挙グレバ白地折返シ最モ多ク、之ニ次グモノハ縞縁、縞ノ折返シ及ビ縁縫トス」とあるように、アメリカ人の間でナウい風俗として流行していた、かの絹のハンカチが、この統計に出てくる絹手巾である。それではこれらのハンカチはどこで製造されたものか。「本品ノ特産地ハ東京、横浜、小田原、岐阜、名古屋、神戸、岡山等ノ地方ニシテ」とあるように、羽二重などの絹布とは別の、中央の大都市や地方都市の零細な家

(1)絹布類の輸出額，明治20―24年（単位：円）

輸出先＼年	明治20	21	22	23	24
フランス	23,635	107,322	257,624	517,970	906,961
アメリカ合衆国	22,498	45,536	174,724	386,935	572,310
朝鮮	41,250	49,192	34,510	90,008	96,063
イギリス	13,527	38,356	114,432	109,170	90,630
その他	34,314	17,627	42,167	63,766	97,851
合計	135,224	258,033	623,457	1,167,869	1,763,715

(2)絹手巾の輸出額，明治20―24年（単位：円）

輸出先＼年	明治20	21	22	23	24
アメリカ合衆国	816,151	831,778	1,106,225	1,870,048	1,823,878
イギリス	180,573	228,581	520,044	297,459	461,429
フランス	57,121	95,066	298,352	176,211	168,060
香港			79,043	80,380	190,569
その他	254,437	78,503	100,895	92,848	167,884
合計	1,146,282	1,233,928	2,104,459	2,516,946	2,811,820

(3)絹製品類の輸出額，明治20―24年（単位：円）

輸出先＼年	明治20	21	22	23	24
アメリカ合衆国	59,821	73,225	50,767	48,060	57,236
イギリス	30,749	36,865	24,437	24,493	24,737
フランス	35,751	32,081	34,643	18,503	17,065
香港			25,073	35,674	48,628
その他	6,157	4,986	7,153	9,180	21,530
その他	53,013	41,319	38,621	32,855	37,726
合計	185,491	188,476	180,694	168,765	206,922

内工業として営まれていた。

また絹製品類というのは、いちいち挙げえないほど種類が多かったが、その主なものはウィンドウ・カーテン、椅子掛け、テーブル・クロス、ベッド・カバー、皿敷、衣服など、室内装飾用品が多かった。輸出額はあまり多くなかったし、また必ずしもどんどん需要が伸びていたとはいえない。アメリカや欧州各国ではむしろ停滞的ないし減少傾向さえ現われていた反面、香港や英領インドへの輸出が伸びているのは、イギリスの植民地在住の外人向けの需要に応じたものであろう。

ともかく絹織物の輸出は、生糸についで日本のアメリカ市場開拓の牽引車になった。いや生糸、絹織物だけではなく、もう一つの輸出品の柱であった茶も、アメリカ市場を最大の市場として輸出が活況を呈していたのであって、世界の新興国アメリカは日本経済にとって、太平洋によって隔てられていたとはいえ、切っても切れない関係で、頼りにしなければならない国になるのである。欧州市場は生糸、茶、雑貨品、あるいはコメをもって扉を叩いてはみたが、一時は成功するかに見えたが、不安定で長続きしない。一方、日本にとってもっとも身近で、厖大な人口を擁する中国市場は、大きな潜在的需要をもつ将来有望な市場であるにしても、政治的に不安定であり、なおかつ強固な中国商人の厚い壁と列強諸勢力の競争に妨げられて、安定的な市場開拓は容易なことではなかった。そうした世界のなかの日本を顧みるとき、輸出橋頭堡を築いたアメリカは、しがみついてでも離せない、かけがえのない市場であったのである。こうして明治二十六年（一八九三年）シカゴで開催された万国博に、政府は最大の努力を払って出品参加し、日本商品の売込みとPRをつうじて輸出拡大に努めるのである。

二　激しい国際競争のなかの日本茶

シカゴ万国博の日本の茶室　シカゴ万国博はコロンブスのアメリカ発見四〇〇年を記念して開催されたものである。アメリカでの万国博は、明治九年（一八七六年）独立一〇〇年を記念して開いたフィラデルフィア万国博以来一七年振りのことであった。一八九〇年代のアメリカは、第二次産業革命といわれた電気を中心とする技術革新において、ドイツと並んで世界をリードしていたばかりか、鉄鋼業においてもイギリスを凌駕するほど、活気に充ちた新興工業国であった。それだけに政府も強力な援助を与え、会場もジャクソン公園を中心に七七万五〇〇〇坪という広大な敷地を確保、予想観客数も三五〇〇万（実際は二一五〇万）。電気の時代到来にふさわしく、会場とシカゴ市中心部を結ぶ交通機関に高架電車を走らせた。また電灯はアメリカではまだ普及していなかったが、一八八九年のパリ万国博の三〇〇〇馬力、一〇〇万燭光に対し、二万四〇〇〇馬力、一一四〇万燭光（九万の白熱灯と五〇〇〇のアーク灯）という桁ちがいの光力で会場を飾るという意気込みであった。

それはともかくとして、この博覧会にかけた日本政府の期待も大きかった。世界から多くのヒト、モノの集まるこの機会に、日本の特産物、重要商品を展示し、商工業の実情をPRして輸出の増進に努めようとしたのも当然である。そのなかで注目すべきは、日本として始めて英文で日本の商工業を公式に紹介した“General View of Commerce and Industry in the Empire of Japan”（1893）を作成して、会場で展示・配布したことである。そのもとになった原稿が、さきにも引用した『日本商工業要覧』（農務省商工局編）である。この本は五〇〇頁近い大部なもので、日本の外国貿易の歴史と現状、とくに日本の重要輸出入品を品目別に詳しく紹介するとともに、日米貿易について一章を設けている点が特徴である。

会場内に二つの特別館を建てたことも、政府としては始めての試みであった。一つは、日本のイメージを宣伝するための鳳凰殿の建築である。そのモデルになったのは、京都の宇治平等院の鳳凰堂である。

もう一つの建物が、本格的な喫茶店である。いうまでもなく日本茶の宣伝・販売に利用するためである。建物は三棟から成っていた。一つは本屋で総ヒノキづくりの書院造、もう一つはすべて竹材を用いた棟で、竹を知らないアメリカ人の注目を集めた。それとは別に東屋《あずまや》をひとつ建てた。

茶席には抹茶席、煎茶席、それに普通席があった。普通席では緑茶、紅茶を出した。店のサービスには、和服を着た日本娘に当らせた。茶席には、ふんいきを出すために日本の工芸品を飾った。来客には景品として、緑茶や花かんざし、奈良人形などを持って帰って貰うサービス振りであった。

日本はいままで世界各地で開催された万国博にはできる限り参加してきたし、その都度、日本緑茶を出品し、宣伝に努めてきた。しかし、たんに茶を出品するだけでなく、会場に独立の喫茶店を開き、来会者に茶のサービスをする宣伝方法をとるようになったのは、シカゴ万国博からである。

日本政府が援助して、博覧会場内にわざわざ純日本式の喫茶店を設けたのは、茶をめぐって日本は厳しい状況に立たされていたからである。

厳しい状況というのは、まず明治初年以来、順調に伸びてきた茶の輸出も、明治二十年代に入って伸び悩んでいたことである。輸出高は伸びてはいたが、茶の価格が下落したため、輸出額は停滞ないし下落気味で低迷が続いていた。

世界商品としての茶　日本は古くからお茶を飲んできた喫茶の国である。商品としての茶は、大きく分けて緑茶と発酵茶である紅茶と、醱酵を途中で止めた半発酵茶のウーロン茶があることは、いまでは広く知られている。中国には一七、八世紀以来、三つのお茶が揃っていたが、日本は長い間殆ど緑茶だけを飲んできた。日本人が紅茶を始めて知ったのは、松崎芳郎編『年表　茶の世界史』によると、一八五六年、下田へ入港したアメリカ総領事ハリスが、幕府へ紅茶を献上したときであるとされる。

ハリスがもってきた紅茶は、実は中国産の紅茶であった。それは恐らく中国からインド洋を経てイギリスへ入り、さらにアメリカへ再輸出されたものか、あるいはアメリカからクリッパー船で直接中国から輸入したものであろう。いずれにしても中国を離れ、地球をぐるっとひと廻りして黒船にのって日本へやってきたのである。名前も「ブラック・ティ」で、始めはこれを「黒茶」と直訳していたが、やがて「紅茶」とよぶようになる。だから紅茶というのは、開港後の日本人が英語から意訳して造った言葉で、江戸時代の日本語はもとより、中国語にも本来なかった言葉である。それでは茶の本場中国では何とよんでいたかというと、実は品名でよんでいたのである。イギリスへ輸出した代表的紅茶は「武夷」、イギリス人はこれをそのままボヒー（Bohea）と称していた。それはともかく、日本は開港によって始めて、世界商品としての茶の主流が紅茶であることを知った。しかも隣の中国が一七世紀以来、西欧諸国へ一貫して独占的に緑茶と紅茶を供給してきたこと、その最大の需要国イギリスが、茶をめぐって、アメリカ植民地との間に独立戦争をひき起こし、また茶の過剰輸入のために英中貿易摩擦が激化、あげくの果てにアヘン戦争にまで発展した激動の世界史を、日本は果たしてどれだけ知っていたのか。江戸時代の茶人は、例えば一八世紀中頃の大枝流芳の『青湾茶話』（宝暦六年）には、蘭茶、松羅、武夷、唐茶の四種の中国茶をあげ、「あまりよろしき茶にはあらず」と注釈していたように、「良い茶」にひたすら関心があっても、茶の商品学や経済学にはまったく関心を示さなかった。つまり日本では、茶はもっぱら文化として日常生活に定着していたのである。

ところが、ハリスが紅茶をもって開国を迫ったときから、日本の茶は文化から商品へ転化した。茶が世界商品になった以上、日本はおいしい茶から売れる茶をつくらねばならなかった。売れる茶といえば、まず世界市場で圧倒的需要のあった紅茶、あるいは蒙古、シベリアあたりで飲まれていた磚茶、しかし、これらは国内市場ではまったく需要のない輸出向きだけの茶である。原料の葉茶は全国いたるところで調達できるから、始めはかんたんに造れると考えた。しかし紅茶にしろ磚茶にしろ、すべて「製茶事始め」で、中国・インドから技術導入など、政府が中心になって折角苦心してつくっても、海外市場で売れるまでにはなかなか至らない。その間の試行錯誤と事実上挫折に終った過程については、既に一部述べたし、また詳しくは拙著『茶の世界史』（中公新書）のなかで述べたところであるから、ここではくり返さない。

日本緑茶、北米で最大市場を見出す　そうしたなかで世界市場でようやく地歩を確保できたのが、アメリカ・カナダの北米市場における日本緑茶である。開港当初、横浜から生糸と並んで大量の茶が、ロンドンや上海・香港へ輸出されたが、欧州とくにイギリスでは人びとの口に合わず、いずれもアメリカへ再輸出されたといういきさつがある。それ以後、輸出茶の大部分が、直接太平洋を越えてアメリカへ送られてゆく。それには対米輸出を促進した事情も重なっていた。すなわち一八六七年には桑港と横浜・香港を結ぶ太平洋航路が開設、さらに一八七〇年には桑港とアメリカ東岸を結ぶ大陸横断鉄道が開通したことで、アメリカの主要消費地である桑港及びニューヨーク、ボストン、シカゴへのルートが便利になったことである。またアメリカの茶輸入関税の撤廃（一八七二年）が、茶の輸出をいっそう促進したことはたしかである。

日本から輸出された茶は、再製茶といって外商が国内の売込商から買い集めた茶を、火入れした上で、インディゴなどの染料で青く着色したものであった。また茶の輸出が急増するにつれ、産地荷主のなかには、柳や拘杞《くこ》などの葉を混入した不正茶を出荷するものが現われ、粗製茶が出廻り出した。有害添加物の着色茶は直接日本人が関わっていたわけではないが、これら不正茶がアメリカ国会で問題になり、一八八二年（明治十五年）に輸入禁止になる．これは日本茶輸出にとって大きな痛手であった。

一方、外商主導の輸出から、主導権を日本商人の手にとり戻し、製茶を直輸出のルートにのせようとする企図は早くから試みられた。例えば明治七年秋に一時帰国したニューヨーク駐在副領事・富田鋏之助は、アメリカ市場において本色茶（着色しない製茶）が清国産の粗悪茶に比べ、大いに好評をえている旨を伝え、この機会に日本の上質茶を直送すれば、清国茶の市場を奪う可能性を示唆した。それを受けて翌八年、内務省勧業寮で試製した本色茶をアメリカに送って直売したのを手始めに、民間でも明治九年、埼玉県入間郡の狭山会社が、ニューヨークの佐藤百太郎店と契約して、同県下の茶を横浜の佐藤店の出張所をつうじで輸出するなど、各茶産地にはあいついで再製・直輸出を目的とする会社が生まれた。政府はこれらの事業をさまざまなかたちで援助したり育成に努力を重ねた。それにもかかわらず明治十年代をつうじ、民間の製茶直輸出は必ずしも成功したとはいえなかった。

各種茶をめぐる国際競争の激化　日本茶の輸出は、アメリカ市場に最大の期待をかけ、それなりの努力もしたのに、どうしてアメリカ市場で思ったほど伸びないのか。そもそも日本では緑茶の輸出は、輸出額のうち第二位を占めるほど重要な地位にあったが、アメリカ市場ではどんな状態に置かれていたのか。まず心得えておくべきことは、紅茶がなければ暮らせないイギリス人とちがって、アメリカ人の主要な飲み物は当時もいまもコーヒーなのである。まったくお茶を飲まないわけではないが、コーヒーと茶の比率はだいたい一〇対一ぐらいの割合である。アメリカがイギリスの植民地であったときは、イギリス本国と同じように茶を飲んでいた。しかしイギリスがアメリカ植民地への輸入茶に東インド会社の専売を認めた茶条例を押しつけたことから、ボストン茶会事件（一七七三年）に発展し、ついにアメリカ独立革命へと大きく歴史が変動した。こうしてアメリカ人はイギリスと手を切るとともに、原則として茶から離れていった。そして、それ以来コーヒー党に変節したのである。

だから、コーヒーが圧倒的に支配的なアメリカにおける茶の地位といえば、消費量はコーヒーの十分の一程度で少ないばかりか、コーヒーに対する従属的な地位を占めていたのである。そういう意味では、茶を飲んでいた階層はというと、一九世紀中頃から急増した中国移民労働者とかその他コーヒーを買えない低所得層であったといってよい。いわば貧乏人たちで、コーヒーの飲めない彼らは茶で我慢していたのである。

ところが、茶といっても紅茶、緑茶からウーロン茶まで、すべてアメリカ市場に揃っていた。しかもアメリカ市場では、茶にもまた上下のランクがついていた。例えばニューヨークにおける茶の価格表からみても分るように、もっともランクの高かったのは紅茶（スウチョン、コングー）、ついで緑茶、なかでもゴンボールド、インペリアル、ハイソンといった中国緑茶、それに続いてウーロン茶（とくに台湾茶）、そして、もっとも安ものの茶としてランクされていたのが日本茶であった（「米国紐育茶況」明治十九年十二月紐育領事館報告、『通商報告』第四号）。以上は、いずれも中国、日本からの輸入茶である。このほかに最高にランクされていたインド茶がある。インド茶の競争についてはのちにのべるが、日本緑茶はアメリカ製茶市場でも、もっとも底辺のところで中国茶と販売競争をしていたのである。

なお、広大なアメリカのこと、民族や地域によって喫茶の嗜好もかなり異なっていた。一九世紀末の状況として、まず南部諸州は一般に喫茶の習慣はなかった。それを除くと、東部諸州は第一に台湾ウーロン茶、第二がセイロン紅茶、第三は中国緑茶（紅茶とブレンドして飲んでいた）、第四は日本茶、第五が福州ウーロン茶を用いていた。

中部諸州はもっぱら中国緑茶で、紅茶やウーロン茶は殆ど飲まれていなかった。

北部諸州のうち、中部は第一に日本緑茶、第二に平水《ピンスイ》緑茶、東部は紅茶を多く用いていた。

一方、太平洋沿岸地域は第一に日本緑茶、第二に平水緑茶、第三は台湾ウーロン茶、第四がインド・セイロン紅茶であった。

これらの喫茶地域では、茶だけを飲んでいたのではなく、同時にコーヒーも飲んでいた。

またさきにものべたように、中産階級より上の階層は主としてインド紅茶を飲んでいた。一方、アジア移民以外の低所得移民労働者は紅茶・緑茶とも殆ど飲んでいなかったといってよい。

紅茶文化圏としてのアメリカ　ところでここでひと言、読者にどうしても注意を促しておきたいことがある。それはアメリカにおける茶の飲み方である。一般に日本では緑茶を入れるのに、あまり濃くださないのがふつうである。ところがアメリカでは紅茶、ウーロン茶はもちろん、緑茶も赤黄色くなるほど濃厚な液にして、その上ミルク、あるいはクリームのほか、砂糖を入れて飲むのである。濃くだした液は辛《にが》い。だからこれをミルクで薄め、砂糖で甘くして飲むと彼らはいう。しかし、そんな飲み方をしたのでは、日本緑茶本来の味と香りが台なしになってしまう、と日本商人たちは嘆いた。しかし東西の茶の文化の違いは、どうしようもなかった。

ミルクと砂糖を入れて飲む飲み方は、一七世紀のヨーロッパとくにイギリスがアジアから茶を導入したときに、彼らが開発した独自の茶の文化である。それが紅茶文化として西洋社会に広く深く定着した。ヨーロッパの分身であるアメリカにおいても、紅茶文化が移植され、主流を形成するとともに、本来ミルクも砂糖も入れない緑茶文化をも、紅茶文化の中にとり込み同化してしまったのである。従って紅茶文化圏のアメリカにおいては、緑茶は紅茶の下位におかれ、たえず劣等感に悩まされねばならなかった。商品としての緑茶需要も、そうした文化の壁の前で伸び悩んでいたのである。

景品をつけて販売した日本緑茶　ところで、これら日本茶、ウーロン茶、緑茶の消費市場は、アメリカとカナダだけであって、しかも驚くべきことに、これら各種茶の大部分は、アメリカ人も中国人もともに消費していなかったほど「品質甚ダ劣等」であったということである。それでは粗悪な茶がどうしてそんなに売れたのかという疑問が起る。それについてはニューヨーク商業会議所がつぎのような興味深い事実を製茶商況として報告していた（紐育総領事島村久報告「明治二十五乃至二十六年紐育製茶商況」『官報』明治二十六年八月七日）。

それはアメリカにおける茶の小売商サイドの習慣に関係がある。というのは、アメリカの茶小売商は、その八、九割までが、茶一ポンドにつき陶器の容器か何か、家庭用品を一品、景品としてつけて販売するのが習わしであったからである。お客の方は、肝心のお茶の品質の良否はどうでもよいのであって、景品の品物をめあてにお茶を買いにきたのである。そうすると、商人の方は勢い安ものの粗茶を仕入れて利益をあげようとするから、市場に粗茶が氾濫することになった、というわけである。

その理由が何であれ、また品質劣等といわれようが、ともかく日本緑茶がよく売れたことはたしかである。明治二十四年、日本の茶の輸出高は約四〇〇〇万斤で、過去最高（但し、茶価下落のため輸出額は明治十九年が最高であった）を示した。

明治二十五年には、この年カナダにおける緑茶総輸入量総数一三六五万五〇二六重量ポンド中、日本からの輸入量は一一七〇万六七五四重量ポンドで、実に八五パーセント強を占めていた。しかもカナダでは日本茶の評判が大へん良かったと、ヴァンクーバア駐在領事はつぎのように伝えていた。

「日本茶ハ、寒国ニ於テ最モ人望ヲ博スルモノノ如シ、是レ畢境日本茶ハ神経ヲ刺衝スルコト強キガタメナリト云フ、是故ニ北米合衆国及カナダノ伐木者ハ日本茶ヲ消費スル巨擘タリ」と（「二十五年中加拿陀《カナダ》貿易景況」『官報』明治二十六年六月十九日）。

インド茶・セイロン紅茶の進出　アメリカ・カナダが欧州文化圏と緊密な関係にある以上、やがて紅茶が主流になる日がくることは、誰もが予想していたところである。世界最大の紅茶需要国イギリスにおいて、一八六〇年代後半以降、紅茶供給源に大変化が起りつつあった。それ以前の供給源は中国で、しかも中国は世界で唯一の供給国であった。ところが一八三〇年代に英領植民地インドで茶樹が発見され、茶園経営が本格化した五、六十年代から茶生産の世界地図は大きく変った。インド紅茶が滔々《とう》とイギリスに流入しはじめたのである。一方、中国茶のイギリスへの輸入は逆に減少しはじめた。インド茶の進出は、イギリスだけではなく豪州から北米へも拡がってきた。

こうして中国茶からインド茶へと、主役交替期に当っていたのが、一九世紀中頃から世紀末にかけての時期であった。日本にとっては恰も開港・明治初期の国際化開幕期に当る。しかも日本は中国と同じく、茶の輸出に依存しなければならない地位にあった以上、この茶の主役交替期にどう対応すべきかが、日本経済にとって最大の課題の一つになってきたのである。というのは、日本は最初のうちは中国茶をライバルとして、輸出戦略を立ててきた。政府が上海とニューヨークの領事館に、生糸と製茶の商況を「月報」として報告させ、情報収集に当っていたのは、中国を競争相手と想定してとった戦略であった。しかし茶の世界の台風の目になっていたインドについては、明治十年代いや二十年代中頃においても、インドには一つの日本領事館も設置されなかった。従ってインド茶業の情報については、明治九年勧業寮の多田元吉がインド風紅茶製造技術の視察のため訪印した以外は、殆ど知られていなかった。茶の直輸出政策を推進する以上、中国だけではなく、新興茶生産国インドの動向にもっと注目して、輸出戦略・情報戦略を立てるべきではなかったか。因みに、最初の領事館がボンベイに設置されるのは、ようやく明治二十七年（一八九四年）十一月のことである。こうして日本が世界最大の茶業地アッサム、ベンガルについての情報を知るのは、明治二十八年のことであった。

緑茶と紅茶の戦い

インド茶がアメリカ市場にはじめて進出したのは一八八二年（明治十五年）のこと。インド紅茶は、主としてイギリスをへてニューヨーク、フィラデルフィア、ボストンといった東部諸港に輸入され、そこから西の方へ向って消費市場を拡大しつつあった。他方、日本緑茶、中国緑茶は、太平洋を渡り桑港に輸入され、そこからシカゴ、さらに東部の紅茶地帯に進出しようとしていた。茶の国際戦争は、中国と日本の緑茶どうしの戦いから、東洋の緑茶とインドの紅茶の戦いへ移っていた。緑茶が勝つか、紅茶が勝つか。この戦いに東洋いや日本の運命がかかっている、「夫レ東洋ノ緑茶当国ニ於テ失敗スルニ当ラバ将タ何レニ向テ供給ノ処ヲ求メント欲スルヤ」と、悲壮な激励文を送ってきたのは、ニューヨーク領事・高橋新吉である（明治十五年十月十四日付「日本幷支那ヨリ当国へ輸入ノ緑茶紅茶比較及景況報告書」『通商彙編』明治十五年）。

それではこの戦い、その後の戦況はどうであったか。戦況は短期決戦というよりか、長期戦の様相を呈していた。しかし最前線ではジリジリとインド茶が進出しつつあったのに、緑茶が守勢にまわっていたことは疑いない。明治二十六年八月七日付紐育領事・島村久の報告によれば、「インド茶――本茶ノ輸出甚タ多キヲ加フルハ、即チ消費ノ増進ヲ証スルニ足ル、是レ実際物資良好ナル本品ノ価格ハ低廉ニシテ劣等支那茶ノ価格ト同一ナレバ輸出ノ増加モ決シテ怪ムニ足ラサルナリ」と。

またカナダにおいても、インド茶は日本茶・緑茶を押えてぐんぐんと伸びつつあった。明治二十三年十一月二十三日付ヴァンクーバア領事の報告では、「紅茶ハ一般ニ増シ、緑茶・日本茶ハ一般ニ減少ヲ示セリ、殊ニ紅茶ノ著シク増シタルハ、オンタリオ・ケベックノ二州ニシテ緑茶・日本茶ノ著シク減少シタルモ亦此二州ナリ」という状態であった。

お茶の文化の対決　こうした状況のなかで一八九三年（明治二十六年）のシカゴ博を迎えることになった。日本がシカゴ博を日本茶販売促進の絶好のチャンスとみていたのと同じく、インド茶につづき北米市場に参入してきたセイロン茶も、茶店出店で攻勢をかけてきたのである。一方、中国茶はどうであったかというと、中国政府はシカゴ博参加拒否を申し入れてきた。その理由は、アメリカ政府が博覧会に参加する一般中国人に特別の旅券を必要とするとして、不公平な差別待遇をとったためといわれる。

ともかくシカゴ博では、不参加の中国を除き、日本とセイロンが、ともに茶店を建て、茶のサービスによって競うことになったのである。緑茶と紅茶の対決、それは文化の対決でもあった。当時は今日のように、それぞれの民族文化・文化価値を認める時代ではなかった。だから日本は茶の湯を含めた日本文化を、建物や室内装飾、景品などをつうじて観客にアピールしようとした。これに対してセイロンの方は、製茶の技術、大規模茶園と製茶の機械化を誇示することで、物質文明を謳歌していたアメリカ人の共感をえようとした。とくに製茶機械には最新鋭のものを持ち込むとともに、手揉み製茶よりいかに衛生的であるかを宣伝した。

日本茶の人気も敢ていえば、シカゴ博の頃がピークであった。明治二十五年当時、ヴァンクーバア駐在副領事・鬼頭悌二郎は「将来日本茶ノ頸敵トモ称スベキハ錫蘭《セイロン》茶ナリ、其売買取引頗ル活発ニシテ随テ其進歩又迅速ナリ」として、セイロン紅茶の競争に警告を発していたが、その数年後の明治三十三年、カナダでは緑茶輸入高九七四万斤、そのうち日本茶が八四七万斤（約八七パーセント）と圧倒的な比重を占めていたのに対し、紅茶輸入高は一五〇〇万斤、そのうちインド・セイロン茶が一〇〇〇万斤を越えていた。カナダで緑茶と紅茶の輸入高が完全に逆転するのが、シカゴ博の翌二十七年からで、明治三十年代になるとその差は年々大きく開いてゆく。

しかし、アメリカの事情はカナダと少し違っていた。日本緑茶はインド・セイロン紅茶の進出に対抗してよく頑張っていた。すなわち農商務省編『茶業ニ関スル調査』（明治四十五年）によれば、一八九三年のシカゴ博以来インド・セイロン紅茶がアメリカ市場に進出するや、「其ノ需要頓ニ増大シテ諸列国茶ノ混戦甚シキニ至リ、之カ為メ支那茶ハ一八九八年（明治三十一年）頃ヨリ次第ニ減退シ日本緑茶モ大体ニ於テ寧ロ幾分減少セリ、然レトモ近年当国（アメリカ）輸入茶中日本緑茶ハ三割、支那紅緑茶及烏龍《ウーロン》茶三割余ヲ占ムルニ、印度及錫蘭紅緑茶ハ今尚漸ク二割内外ナルニ過ギズ、又当国（アメリカ）ニ於ケル紅茶ト緑茶トノ勢力ヲ比スルニ輸入茶総額ノ五割内外ハ緑茶、三割内外ハ紅茶、二割内外ハ烏龍茶ニシテ緑茶ハ常ニ優勝ノ地位ニアリ」と。

これがだいたい明治末年頃のアメリカ市場の状況であった。大勢としてはインド・セイロン紅茶に押され気味であったが、日本茶は懸命に耐えていた。その甲斐があったというか、第一次大戦中には、漁夫の利をえて、アメリカへの茶輸出は、一時的ブームを迎えるのである。

むすび

国際通商情報としての「領事報告」　経済の国際化・情報化時代は、歴史上一九世紀中頃から始まった。それはまたイギリスが旗振り役になって推進した自由貿易時代でもあった。しかしそれは決して古典派経済学者が想定したような、国際分業にもとづく平和な通商関係、比較生産費説が貫徹する調和的世界モデルが実現した時代ではなかった。自由主義が開拓した世界市場をめぐって、激しい各国間の通商貿易競争がもたらされた。しかし、そこにはしばしば政治・外交的圧力、ときには軍事的実力行使が絡んでいた。右手に自由貿易のコーラン、左手には武器――これが現実のイギリス自由貿易の実像であった。これを名づけて「自由貿易の帝国主義」(Imperialism of Free Trade) と称することも、最近の経済史学界ではほぼ常識化している。

このように経済の国際化が拡大するなかで、ますます重要性を帯びてきたのが、国際情報収集及び国際情報＝市場戦略である。国際情報及び国際情報戦略が、一国の運命を左右する時代に入ったのである。そのうち国家にとって、もっとも核心的情報戦略部門が二つあった。一つは、直接国家の運命に関わる政治・外交、とりわけ軍事部門である。もう一つは、競争の激化しつつあった貿易・通商部門である。

この二つの部門は互いに密接に絡みあっていたがために、市場をめぐる通商競争は政治・外交を巻きこんだ貿易摩擦をひき起した。貿易摩擦はやがて貿易戦争に発展するとともに、自由貿易は保護主義へ転化した。一国の経済・市場利益を他国の競争から守るのが保護主義である。自由貿易の保護主義への転化は、高率保護関税・輸出奨励金などの制度的保護から、軍事的手段による市場防衛・確保へ向かう傾向を生み出した。その結果が、事実、帝国主義戦争へ発展したのである。

こうして一九世紀末になるほど、通商・市場戦略と軍事戦略がいっそう緊密な関係をもつようになる。だから通商＝情報市場戦略を取り扱う場合、このような両者の緊密な関係を考慮に入れなければならないが、ここでは政治・外交・軍事情報を切り離し、もっぱら通商・貿易競争及びその情報戦略をとり上げた。その場合、通商＝情報市場戦略の枢軸として国際舞台で活躍したのが領事であり、領事が現地で収集した国際通商情報が「領事報告」である。

欧米先進諸国は領事の情報活動に力を入れ、新市場の開拓、通商競争に対応したのであるが、アジアにおいては、領事の通商情報活動を積極的組織的に行なったのは、ひとり日本だけであった。中国は各国に領事を派遣していたが、領事報告制度による組織的情報活動はなかった。こうした両国の海外情報活動の相違が、のちに両国が辿った経済、貿易発展の違いとなって現われる。

情報活動のシステム化　日本は領事の情報活動に力を入れた点で、情報化時代への先見の明があっただけではない。注目すべきは、領事が身をもって調査・収集した海外市場情報が、生産者（商工業者、農民）へ生きた情報としてフィードバックするような、情報のシステム化の形成に成功したことである。これをかんたんに図示すれば、つぎのような情報システムになる。

領事⇅外務省⇅｛地方自治体⇅商品陳列所
商業会議所｝⇅生産者

この図でひと言注意を促しておきたいことは、モノの情報の重要性及びその関連施設である「商品陳列所」のことである。当時は、現代とちがって視聴覚情報メディアは発達していなかった。カラー・テレビはもとよりなかったし、写真技術もまだ始まったばかりの時代である。それに代るものとして、重要なモノの情報を提供したのが、そのものズバリの商品見本である。領事の情報収集活動には、当然とはいえ、商品見本の収集も含まれていたのである。こうして領事が組織的に収集した商品見本を、商工業者の参考に供するとともに、商品分析にも従事した機関が、各府県に設置された商品陳列所である。その第一号が明治二十三年十一月設立の大阪府立商品陳列所である。そのモデルになったのがベルギーの商品陳列館（Commercial Museum）である。

因みにイギリスでは、領事、外務省（政府）、商業会議所、商社、生産者が、一つの有機的な情報システムとして組織化されなかったばかりか、モノの情報センターとしての商品陳列館もついに設立されなかったのである。こうしたイギリスの情報化時代への対応の遅れが、イギリスの経済的衰退、対外競争力低下へ連動してゆく。イギリスとの対比で明治の官僚が立派であったと思うのは、一八八一年ベルギーがいち早く商品陳列所をつくれば、すぐさま現地へ出かけてアントワープの商品陳列所を調査するといった具合で、つねに世界の最先端情報を把握していたことである。

領事情報網による市場戦略　ところで明治二十年ごろまでに、日本が世界に拡げた領事情報網は、中国（香港を含む）九、朝鮮四、東南アジア二、ヨーロッパ一二（一九）、北アメリカ三、中南米一、豪州二（二）、その他三、合計四五（二一）（但し、（　）内の数字は名誉領事）となっている。ヨーロッパは国の数が多く、従って領事館の配置も数の上ではもっとも多いが、ロンドンとリヨンを除くと、すべて名誉領事によって対応していた。そういう事情を考慮した上で、領事館の戦略的配置をみてみると、日本が情報収集にもっとも力点をおいていた地域は、まずアジア、ついで北米、ヨーロッパであったことが分る。

このことは日本の輸出貿易構造にそのまま反映している。すなわち明治二十六年、日本の仕向地別貿易額では、最大の輸出先がアメリカ、ついでフランス、中国、イギリス、その他の順になっている。明治初年以来、懸命に輸出努力を重ねてきた成果が、ようやく生糸、絹織物、茶を中心とするアメリカ市場、生糸、絹織物のフランス市場、コメ、絹織物、雑貨のイギリス市場であった。とくに新興工業国として活気に充ちていたアメリカに橋頭堡を確保し、外貨獲得の最大の輸出市場として日米関係を築いたことは注目してよい。現代の日本経済のアメリカへの依存体質は、こうして既に一〇〇年前にでき上がっていたのである。

いま一つ、日本貿易の最大の問題は中国市場にあった。中国市場は日本にとって、アメリカ、フランスにつぐ大きな輸出市場であったとはいえ、対米貿易とちがって、輸出額の二倍を越える入超を抱える貿易不均衡、それに中国国内の複雑な流通機構の壁のため、進出困難な日本商人、一方では中国商人の大量日本進出、といった日中アンバランスをどうするか、という経済摩擦を抱えていた。従って日本が領事を中心とする情報・市場戦略にもっとも力を注いだのは、ほかならぬ中国市場であった。

こうして日本にとって進出困難であった中国市場は、やがてその市場構造に一八〇度の転換が起る。すなわち伝統的な海産物市場から洋式雑貨市場への転換である。それは欧米の近代的物質文明のアジアへの浸透・拡大に際し、日本がその媒介者になることを意味する。いわば西洋からの高圧電流を制御する変電所の役割とでもいおうか。ともかく欧米人のさまざまな近代的日常生活品——それは中国人にとって憧れの商品であっても、大多数を占める中国の貧民大衆には高嶺の花にすぎなかった。しかし、それらが例え品質粗悪な模造品であっても、もし安く手に入るならば誰でも買い求めたいというのが、大衆の消費者心理であった。そうした消費者心理の潜在需要に対し、貧しい人びとでも買えるような商品の形で提供したのが日本である。洋傘、マッチ、ランプ、石鹸、綿ネル、時計等々、みなそうである。

「通商国家」日本の原像　こうした日本の中国市場進出のやり方は、当然のことであるが、欧米先進諸国との間に貿易摩擦をひき起すことになる。欧米諸国にしてみれば、本来それらの商品はアイディアもデザインも自分らの開発したものである。にもかかわらず、アイディアもデザインも盗用され、顧客も奪われたのではたまったものではない。ともかく日本の洋式雑貨が中国市場へ進出するにつれ、欧米諸国の日本をみる目は厳しくなってゆく。

しかし、日本の立場に立てば、中国市場への進出の成功にはそれなりの理由があった。それを敢てひと言でいえば、欧米先進諸国は産業革命による圧倒的な生産力格差の優位を背景に、商品を生産する資本の立場で、消費者のニーズを無視して商品を強引に持ち込んできたのに対し、日本は消費者のニーズに応じた商品を提供するという消費者の立場に立った市場販売政策をとったことである。すなわち領事報告が示すように、日本は欧米諸国とちがって、消費者・生活者のニーズがどこにあるかを、風俗・習慣・流行にいたるまで市場調査をした上で、彼らのニーズに適合した製品を、現地の言葉で説明し販売することに努めたのである。まだ消費者とか市場調査というコンセプトもなかった時代である。そうした時代に消費者・生活者の立場に立った市場戦略をとったのが日本である。この点、消費者の生活やニーズを無視し、高価であっても良い品物は売れるはずだとして、市場調査を軽視したのが欧米諸国であった。

私は、日本が経済大国・貿易大国として世界の注目を浴びている現在、敢てそのルーツを求めるならば、恐らく明治初期の情報・市場戦略のなかに、その秘密を解く鍵がひそんでいるのではないかと思うのである。

参考文献

第Ⅰ部

R. J. S. Hoffman, *Great Britain and German Trade Rivalry, 1875-1914*, 1933.

Foreign Trade Competition: Opinions of H. M. Diplomatic and Consular Officers on British Trade Methods, House of Commons P. P. 1898, vol. XCVI.

S. J. Nicholas, 'The Overseas Marketing Performance of British Industry, 1870-1914' *Econ. History Review,* 2nd series, vol. 37, N0. 4, 1984.

D. C. M. Platt, 'The Role of the British Consular Service in Overseas Trade, 1825-1914' *Econ. History Review,* 2nd series, vol. 15. 1962.

do., *The Cinderella Service-British Consuls since 1825,* 1971.

Reports received from Mr. T. Worthington to inquire into and report upon the Conditions and Prospects of British Trade in certain South American Countries, 1898.

Reports of the Royal Commission on the Depression of Trade and Industry, 4 vols. 1886.

Reports on the Native Cotton Manufactures of Japan (Foreign Office, 1887, Miscellaneous Series, No. 49, Reports on Subjects of General Commercial Interest, Japan.

M. Sanderson, *The Universities and British Industries, 1850-1970*, 1972.
E. E. Williams, *Made in Germany*, 1896.
倉田保雄著『ニュースの商人ロイター』（新潮選書）昭和五十四年
角山榮著『茶の世界史』（中公新書）昭和五十五年
同「日豪通商史の開幕」『経済理論』（和歌山大学）一八二号、昭和五十六年
同「十九世紀末イギリスの対日通商情報活動」『奈良産業大学開学記念論文集』昭和六十年
同編著『日本領事報告の研究』同文館出版、昭和六十二年
D・ランデス、石坂昭雄・冨岡庄一訳『西ヨーロッパ工業史』I、みすず書房、昭和五十五年
西沢保「世紀転換期における高等商業教育運動をめぐって」『経済学雑誌』八八巻一号、昭和六十二年

第二部

第二部の叙述は主として領事報告資料に依拠している。領事報告は明治十四年から『通商彙編』『通商報告』『通商彙纂』など、外務省の定期刊行物として、また『官報』『農商工公報』などの政府機関誌として公刊されたほか、『中外物価新報』『東京経済雑誌』など民間情報誌にも転載され、公式の海外市場情報として資料的価値が高い。なお、未公刊の領事報告が多数、外務省外交史料館に保存されている。領事報告の資料的研究については、京都大学人文科学研究所の共同研究報告、角山榮編著『日本領事報告の研究』（同文館出版、昭和六十二年）を参照のこと。

I　イギリス市場と「貿易事始め」

J. Calder, *The Victorian Home*, 1977.

A. J. H. Latham and L. Neal, 'The International Market in Rice and Wheat, 1868-1914' *Econ. History Review*, 2nd series, vol. 36, N0.2, 1983.

岡勇次郎著『日本米穀之将来』国光社、明治三十年

倉田喜弘著『一八八五年ロンドン日本人村』朝日新聞社、昭和五十八年

静岡商業会議所編「商品見本、海外試売始末」明治二十七年

科野孝蔵著『オランダ東インド会社の歴史』同文館出版、昭和六十二年

角山 榮「日本米の輸出市場としての豪州」『経済理論』一八五号、昭和五十七年

同「アジアの米貿易と日本」『社会経済史学』五一巻一号、昭和六十年

農商務省農務局編『訂正増補 米ニ関スル調査』大日本農会、大正元年

堀江章一・高木健次郎著『日本輸出入米』横浜商況新報社、明治三十三年

「外国へ米穀直輸出一件」明治二十一年、外交史料館蔵

「精米及麦作付反別等取調方、日本米穀輸出会社ヨリ依頼ノ件」明治二十六年、外交史料館蔵

Ⅱ　日本は香港市場をどのようにして開拓したか

'Japanese Competition with Europe in China' *Board of Trade Journal*, March 1893.

'Japanese Competition in the Straits Settlements' *ibid.*, May 1894.

'The Industrial Revolution in Japan' *ibid.*, April 1896.

杉本俊宏「明治前期の日本マッチ輸出と『領事報告』」角山 榮編著『日本領事報告の研究』同文館出版、

昭和六十二年、所収
杉山伸也「幕末、明治初期における石炭輸出の動向と上海石炭市場」『社会経済史学』四三巻六号、昭和五十三年
台湾総督府熱帯産業調査会『明治初年に於ける香港日本人』昭和十二年（復刻版、芳文閣、昭和五十九年）
角山　榮「明治初期、海外における日本商社及び日本商人」『商経学叢』（近畿大学）七九号、昭和五十九年
英国ブレナン氏『日本商業事情視察報告』大蔵大臣官房第三課印刷局、明治三十一年
山下直登「香港への日本石炭輸出」「エネルギー史研究」No.10
「本邦人、其地ニ於テ商店ヲ開設シ、現時商業相営ミ居ル者ノ店号、氏名、住所及営業ノ種類等取調ノ件」明治二十一年、外交史料館蔵
吉田光邦著『改訂版　万国博覧会』日本放送出版協会、昭和六十年

Ⅲ　中国市場における日本の情報戦略

荒居英次著『近世海産物貿易史の研究』吉川弘文館、昭和三十五年
井上雅二著『巨人荒尾精』佐久良書房、明治四十三年
緒方二三、有働格四郎編『清国商工業視察報告』緒方二三刊、明治二十九年
斯波義信「明治期日本来住華僑について」『社会経済史学』四七巻四号
永積洋子著『唐船輸出入品数量一覧、一六三七―一八三三』創元社、昭和六十二年
沼田正宣著『日清貿易経験事情』有隣堂、明治二十三年
野村喜一郎編『日清貿易意見』同人発行、明治二十四年

町田実一著『日清貿易参考表』明治二十二年
同「日清貿易ヲ拡張セシメ度ニ付意見」明治二十一年三月、外交史料館蔵
山脇悌二郎著『近世日中貿易史の研究』吉川弘文館、昭和三十九年
同『長崎の唐人貿易』吉川弘文館、昭和三十九年
吉田虎雄著『支那貿易事情』明治三十五年
『東亜同文書院大学史――創立八十周年記念誌――』大学史編纂委員会編集、滬友会、昭和五十七年
『清国通商総覧』二冊、日清貿易研究所、明治二十五年
『原敬関係文書』第四巻、日本放送出版協会、昭和六十一年
Ⅶ　アメリカ市場の開拓に成功した日本の情報戦略
石井寛治著『日本蚕糸業分析』東京大学出版会、昭和四十七年
角山　榮著『茶の世界史』(中公新書)、昭和五十五年
同『辛さの文化　甘さの文化』同文館出版、昭和六十二年
『日本茶輸出百年史』同編纂委員会、日本茶輸出組合、昭和三十四年
農商務省商工局編『日本商工業要覧』明治二十六年
農商務省農務局『茶業ニ関スル調査』明治四十五年
松崎芳郎編『年表　茶の世界史』八坂書房、昭和六十年
ハル・松方・ライシャワー、広中和歌子訳『絹と武士』文藝春秋社、昭和六十二年

あとがき

本書の成りたちについて、ひと言ふれておきたい。

本書は、私の長年にわたる「日本領事報告の研究」の一部である。日本に厖大な領事報告資料があることを発見したのは、実は十数年前のことである。いったい、いまどきこんな貴重な資料が忘れられたまま埋もれているなんて、ほんとうだろうかといささか興奮し驚いたものである。

しかし、よく考えてみると、この資料は、一国単位で研究してきた従来の歴史の方法では、恐らく発見されなかったかもしれない。というのは、それは従来の日本近代史にも属さなければ、また西洋史にも属さない、いわば国際関係史ともいうべき新しい近代史の分野に属するものだからである。だから、ある大学図書館では、利用者のないまま廊下に堆く積まれ、廃棄処分寸前の状態におかれてさえいたのである。

こうして見出された領事報告資料は、明治十四年から昭和十八年まで、戦前の外務省の刊行物になっているものだけでも、実に厖大な量にのぼる。とうてい私一人の能力で処理できるものではない。そこで機会を得て、京都大学人文科学研究所で共同研究班を組織し、文部省科学研究費助成金などの援助もえて、本格的資料調査及び資料研究に当ることになった。その成果を公刊したのが、角山榮編著『日本領事報告の研究』(同文館出版、昭和六十二年)である。だから「領事報告」といっても、まだ一般には馴染みの少ない用語であるから、領事報告資料について詳しく知りたい方は、ぜひ同書を参照していただきたい。

ところで、私たちの共同研究が明らかにしたことは、日本が幕末・明治開国以来、世界各地に戦略的に配置された領事を先頭に、明治政府がいかに世界でもユニークな海外市場情報の収集と官民・内外一体の情報のシステム化の形成に努力を注いだかということであった。そして、一次産品輸出の後進国型貿易構造をもつ未開発国日本が、情報の収集・処理のシステム化において、当時の世界覇権国イギリスをさえ凌駕するほどの優れた情報組織をつくり上げ、海外市場開拓に着々と成功しつつあったこと、このことは私たちを驚かす大きな発見であった。その経験が大いに役立ったのが、第二次世界大戦後、日本が戦中戦後の貿易空白時代から輸出を中心に貿易を振興せねばならなかったときである。まず海外市場調査会をつくり、海外市場調査と情報サービスを開始したが、やがて昭和三十三年、日本貿易振興会(ジェトロ)という世界でもユニークな組織へ発展、こんにちの貿易大国日本の基礎を築いたのである。

さらにもう一つの驚きは、領事報告資料の語る国際化日本の壮大なロマンである。幕末・明治維新の歴史は、国づくりに躍動した憂国の下級武士たちの壮大な夢とロマンの歴史である。そして、明治政府の成立とともに、世界の中の貿易日本、激動する世界商業競争の中の「通商国家」日本、そうした国際化日本の国づくりに情熱を傾けたのが、新しい国際派官僚とりわけ領事であった。さし当り、彼らは未知の大洋に船出した商船日本丸の水先案内人であった。彼らが世界を舞台に現地から送ってきた市場情報は、日本の運命を左右するほどの重要性をもっていた。彼らがその任地ヨーロッパにおいて、また中国大陸で、あるいはアメリカ大陸で、いったい何を考え、「通商国家」日本の将来にどのような夢とロマンを抱いていたのか。本書が意図したものは、まさに政治における明治維新に対比すべき、通商経済における国際化日本の原像と情報・市場戦略である。

ここに登場する領事はごく一部である。しかしロンドン領事・園田孝吉、香港領事・安藤太郎、天津領事・原敬、漢口領事・町田実一、紐育領事・富田鉄之助など、みな雄大な通商理念を抱き、的確な判断力と実行力をもった優秀な国際人たちであった。それと同時に、彼らのアドバイスに応えて、文字どおり「貿易事始め」の民間商社・商人たちが、試行錯誤の経験を重ねながら、いかに未知の市場に橋頭堡を築いていったか、「領事報告」はその歴史的過程を生々しく語ってくれるのである。

なお、本書に収めるべく準備したが、紙幅の都合上、割愛せざるをえなかったのが、豪州市場開拓の試みと苦難の一章である。

それにしても、原稿の完成を五年以上も辛抱強く待って下さった編集部の道川文夫さんには、御迷惑をおかけしたことをお詫びし、また校正・図版など種々お世話になった田中美穂さんにも、この場を借りて御礼申し上げたい。

昭和六十三年

角山　榮

本書の原本は、一九八八年に日本放送出版協会（現ＮＨＫ出版）より刊行されました。

著者略歴
一九二一年　大阪市に生まれる
一九四五年　京都帝国大学経済学部卒業
和歌山大学助教授・教授・学長、奈良産業大学
教授、堺市博物館長を歴任
二〇一四年　没

〔主要著書〕
『茶の世界史』（中央公論社、一九八〇年）、『路地裏の大英帝国』（共編、平凡社、一九八二年）、『茶ともてなしの文化』（ＮＴＴ出版、二〇〇五年）、『時計の社会史』（復刊、吉川弘文館、二〇一四年）

読みなおす日本史

「通商国家」日本の情報戦略
領事報告をよむ

二〇一八年（平成三十）二月一日　第一刷発行

著　者　角《つの》山《やま》　榮《さかえ》
発行者　吉川道郎
発行所　株式会社　吉川弘文館
郵便番号一一三―〇〇三三
東京都文京区本郷七丁目二番八号
電話〇三―三八一三―九一五一〈代表〉
振替口座〇〇一〇〇―五―二四四
http://www.yoshikawa-k.co.jp/
組版＝株式会社キャップス
印刷＝藤原印刷株式会社
製本＝ナショナル製本協同組合
装幀＝渡邉雄哉

ISBN978-4-642-06758-4

刊行のことば

現代社会では、膨大な数の新刊図書が日々書店に並んでいます。昨今の電子書籍を含めますと、一人の読者が書名すら目にすることができないほどとなっています。ましてや、数年以前に刊行された本は書店の店頭に並ぶことも少なく、良書でありながらめぐり会うことのできない例は、日常的なことになっています。

人文書、とりわけ小社が専門とする歴史書におきましても、広く学界共通の財産として参照されるべきものとなっているにもかかわらず、その多くが現在では市場に出回らず入手、講読に時間と手間がかかるようになってしまっています。歴史の面白さを伝える図書を、読者の手元に届けることができないことは、歴史書出版の一翼を担う小社としても遺憾とするところです。

そこで、良書の発掘を通して、読者と図書をめぐる豊かな関係に寄与すべく、シリーズ「読みなおす日本史」を刊行いたします。本シリーズは、既刊の日本史関係書のなかから、研究の進展に今も寄与し続けているとともに、現在も広く読者に訴える力を有している良書を精選し順次定期的に刊行するものです。これらの知の文化遺産が、ゆるぎない視点からことの本質を説き続ける、確かな水先案内として迎えられることを切に願ってやみません。

二〇一二年四月

吉川弘文館